日本・韓国・台湾は「核」を持つのか？

ASIA'S LATENT NUCLEAR POWERS: Japan, South Korea and Taiwan

Mark Fitzpatrick

マーク・フィッツパトリック　秋山勝＝訳

草思社

ASIA'S LATENT NUCLEAR POWERS
Japan, South Korea and Taiwan
by
Mark Fitzpatrick

Authorised translation from the special issue English language edition
published by Routledge, a member of the Taylor & Francis Group,
originally published in the Adelphi Series, Vol 55:455 (2015)
Japanese translation published by arrangement with Taylor & Francis Group,
division of Informa UK Ltd. through The English Agency (Japan) Ltd.

Cover Photo: WIN-Initiative/WIN-Initiative/ゲッティイメージズ

日本語版刊行に寄せて

一九七一年、当時一七歳だった私は広島を訪れ、激しい衝撃に打ちのめされていました。平和記念資料館に展示された写真と遺された私物は、原爆の炸裂がいかに無差別であるのかという事実を見せつけるとともに、核兵器の拡散をおしとどめる仕事に自らのキャリアを捧げようと決心する契機になったのです。

もの言わぬ展示物を前に、その一方で私が覚えていた思いは、悲劇をよりよき未来への願いに変えようとする人類がもつ可能性でした。原爆死没者慰霊碑に刻まれた碑文――安らかに眠って下さい過ちは 繰返しませぬから――は私の記憶に刻み込まれました。過ちを犯したのは誰なのかと碑文が問いただしていないことが私には救いでした。のちに碑文の起草者は、ここでいう誰かとは〝全人類〟で、〝過ち〟とは〝戦争という過ち〟だと説明しています。ここに刻まれているのは告発ではなく、平和へのひたむきな祈りにほかならないのです。

初めての広島訪問から四五年、以来、世界の指導者たちがみずから爆心地を訪れ、同様な思いに向き合い、核戦争の恐怖を正しく理解することは私の願いとなりました。一人でも多くの指導者が広島を訪れることで、私たちの集合意識にそのメッセージはますます深く刻み込まれていくからです。それだけに二〇一六年五月二十七日、バラク・オバマ大統領がアメリカ大統領として在任中に広島を訪問したことは喜びでした。大統領の訪問は原爆投下を謝罪することが目的ではなく、核兵器がもつ圧倒的な破壊力をその目で理解し、核の危険性を食い止めるとともに、核なき世界の探求を改めて明言するものだったからです。

大統領の広島のスピーチは詩的で、象徴に富むものでした。広島を襲ったおぞましい破壊力を大統領は「閃光と炎の壁」と語り、戦争へと駆り立てられていく人間の本能に根差した衝動について、人類は驚異的な科学の発展にふさわしい進歩を「人間の社会制度」においても遂げていかなくてはならないと語りかけていました。

必要とされる社会制度のひとつが核実験を禁じるさらに強固な法規制です。二〇年前の一九九六年九月十日、国連総会で包括的核実験禁止条約（CTBT）が採択されると、二週間後には署名が開放されています。ただ、この条約については二〇一六年六月の時点で、一八三カ国が署名を終えたものの、うち一九カ国については批准をいまも完了しておらず、そのなかにはアメリカと中国も含まれています。アメリカと中国、そして核兵器を製造した国もしくは製造可能な技術をもつと見なされている六カ国——エジプト、イラン、イスラエル、インド、パキスタン、北朝鮮——が批准しないかぎり条約は効力を発揮しません。アメリカが批准すれば、中国やイスラエルの批准を促し、渋っているほかの国のなかからもこれにならおうとする国が出てくるでしょう。

北朝鮮は今世紀になって核実験を行った唯一の国で、どの国にもまして説得には応じそうにもありません。二〇一六年一月六日に実施した四度目の核実験は、世界的な規制と国際的な取り決めを断じて拒もうとする北朝鮮の意思の現れでした。二〇〇六年の一回目の核実験から国連の安全保障理事会は、北朝鮮の核実験とともに弾道ミサイルの発射を一貫して禁じてきました。そのなかには二〇一六年三月から六月にかけて打ち上げられた移動式の中距離弾道ミサイル、ムスダン六発も含まれており、最後となった六月二十二日の発射で北朝鮮はついに打ち上げに成功したのです。

最初の三回のムスダン発射は三六年ぶりに開催された朝鮮労働党大会に先がけてのものであり、このときの労働党大会は権力の世襲から五年を迎えた金正恩の指導力の誇示が目的で開催されました。アメリカ領土を攻撃できるミサイルの発射実験の成功は、ピョンヤンに核抑止力を授けるという計画のもとで進められてきた一連の兵器開発の頂点を極めるものでした。金正恩はグアムを射程範囲に置いたと得意満面でしたが、ムスダンは高軌道のロフテッド軌道をとるため、通常軌道に換算すると三一五〇〇キロメートル、グアムには三〇〇〇キロメートルほど足りません。

しかし、北朝鮮の戦略プログラムは長足の進歩を遂げつつあります[1]。二〇一六年最初の数カ月で、核装置実験、弾道ミサイル技術による人工衛星の打ち上げ、新型固体燃料ロケットエンジンの実験、核弾頭の小型化と移動式の大陸間弾道ミサイル（ＩＣＢＭ）の発表、弾道ミサイルの再突入体の遮熱に関する環境模擬試験の実施、潜水艦発射弾道ミサイルの二度目の実験、そして再三にわたるムスダンの発射などの実験が矢継ぎ早に実施されてきたのです。この国が大陸間弾道ミサイル――第一段目でムスダンのエンジンを二基使用――の実験に成功する日も遠いことではないでしょう。

北朝鮮はすでに十分な実験を経た準中距離弾道ミサイル、ノドンを兵器庫にもっています。ノドンは韓国の都市という都市を射程におさめるばかりか、日本のほとんどの都市にも到達可能なので、おそらく北朝鮮が現在開発を目論む小型の核弾頭が搭載されることになるでしょう。二〇一〇年に明らかになったノドン派生型はイランと協力して開発されたものらしく、射程距離はさらに向上しています。射程一六〇〇キロメートルには沖縄のアメリカ軍基地が含まれています。

日本と韓国がすでにノドンの射程にある点を踏まえると、最近になって北朝鮮が開発を進めるさらなる射程距離をもつ弾道ミサイルシステムは、近隣国にこれまで以上の脅威を与えるためのものであるとは考えられません。北朝鮮の指導部はアメリカの領土に脅威を与えることでアメリカの核抑止力を相殺できると信じ、有事の際にはアメリカの韓国防衛を制止できると思い込んでいます。専門的には「デカップリング」という戦略です。第1章で記すように、韓国のなかにも同様なロジックをもつ人たちが存在します。アメリカには自国の都市を北の核攻撃にさらすつもりはないと主張して、韓国は韓国で自前の核抑止力に頼るべきだといいます。

北朝鮮によるアメリカへの攻撃を阻止するには、多層ミサイル防衛網だけではなく、もっと格好のオプションが存在しています。核拡散という潜在的な危機を押し広げるのではなく、外交、経済、軍事の各切り札を相乗的に活用することで、核の脅威に対処していくという方策です。日本、韓国、台湾の三カ国が核拡散の道へと踏み出すことは、この地域と世界にとっても危険であるばかりか、核拡散の当事国もまた莫大な経済的損失に直面するでしょう。安全保障上の脆弱性には大きな亀裂が生じ、その国の威信が世界の目の前で失墜するのはいうまでもありません。ただ、日本、韓国、台湾にとって幸いなのは、同盟国を防衛するというアメリカの拡大抑止に依存する限り、このような負担を案ずる必要がないことです。その拡大抑止には核の傘も含まれています。

本書を執筆中、核拡散の危険性に関するこの中心命題に異を唱える大統領候補がアメリカに出現するなど夢にも思いませんでした。しかし、二〇一六年二月、本書を刊行してから数週間後のことです。共和党の大統領候補の一人、ドナルド・トランプは一連のインタビューに、日本と韓国は核兵器を保有し、北朝鮮に対して自衛したほうが望ましいと答えていたのです。これは核の時代を通じ、民主党、共和党のいずれの政権からも信奉され、六〇年以上にわたって一貫して続いてきた国の方針に対し、唖然とするような決別にほかなりませんでした。シカゴ国際問題評議会が二〇一五年に実施した調査では、「核兵器の拡散を阻止」を最優先の外交政策目標として位置づける議員は共和党で七八パーセント、民主党七三パーセントという結果が出ていました[2]。なにごとであれ異を唱えるトランプの姿勢は当のアジアの政府から拒絶されましたが、この発言は韓国と日本の核保有支持者らを勢いづかせました。

その後、トランプの外交政策で最高顧問を務める上院議員ジェフ・セッションズは、トランプの発言は、アメリカ軍の駐留経費の増額を同盟国に求める〝交渉の糸口〟を意図したものにすぎないと言い張っていました（同盟国がすでにいくら負担しているのかも知らずにですが）[3]。トランプ本人は日本に核武装を要求したことなど一度として口にしたことはないと否定しますが、この発言をめぐる論評を読めば本人の意図するところは明らかです[4]。

幸いなことに民主党の大統領候補であるヒラリー・クリントンは、核不拡散の重要性については従来の見解を支持しています。強い同盟関係がもつ意味に信頼を寄せている点もトランプとの数多い違いのひとつでしょう。二〇一六年六月二日の安全保障政策の演説も、国に対して積極的なビジョンを描くクリントンと、国は衰退しつつあると考えるトランプとのあざとい違いを示したものでしたが、この演説において、クリントンは自分が国務長官だったときに日韓のミサイル防衛システムを構築したことを明らかにしました。このシステムは北朝鮮が無謀にも核弾頭ミサイルを打ち上げた場合、それを打ち落とすために現在用意されているものです。クリントンが発言するように、これらの同盟を強化しつづけるのか、あるいは断ち切るのかという議論になれば、どちらが賢明な選択であるかなど疑問の余地はないでしょう(5)。

本書が主張するのは、アメリカの軍事的義務(台湾の場合、第3章で述べるように暗黙の了解です)への信頼こそ、北東アジアの民主主義国が非核保有国であり続ける基本条件にほかならないということです。その意味では、抑止の「能力」とともに防衛される側の「認識」が非常に重要で、この二点については疑念を抱くべきではないでしょう。それだけに、核武装を選択する自由があること、すなわち核オプションを求める理由があると同盟国がほのめかすことは、理由を問わず、アメリカへの信頼性を危険にさらしかねません。それによってアメリカの核抑止力が損なわれるなら、こうしたほのめかしは自己充足的予言と化し、結果として予言された状況を現実に作り出してしまうかもしれないのです。

日本にうかがえる微妙な両面性、とりわけアメリカの核抑止力に依存しつつ、同時に核軍縮を推し進めている立場を本書は認めています。第2章では、国の安全保障のために最善の守りを得ようと、日本の外交当局が矛盾する欲求をどのように均衡させようと苦心してきたのかが記されています。アメリカの核政策と緊密に連携するとともに、広島と長崎の記憶を生かし続けることで彼らはそれを図ってきました。著者としてはこうした方策がうまくいき続けることを願ってやみません。

マーク・フィッツパトリック

二〇一六年七月

日本・韓国・台湾は「核」を持つのか?◉目次

結論

地図作成＝㈱千秋社

*本文の傍註はすべて訳註です。原註は巻末にまとめました。

はじめに

本書が対象とする北東アジア三カ国の民主主義国家に対して、現在、核拡散の疑いは向けられていない。日本、韓国（大韓民国）、台湾（中華民国）は、核拡散防止に関する世界的な協定をすべて受け入れ、課された義務についてはとりわけ遵守してきた国ばかりである。核不拡散については海外にも発信してきたし、かりに自国で核開発プログラムをこっそり手がけていたにせよ、いずれも自由で開かれた社会をもつ国なので秘密裡に開発を進行させていくことはまずできないだろう。

とはいえ、話が潜在的な核拡散になると、これらの国々はいずれも興味深いケーススタディーである。その分析を成り立たせてあまりある理由が、三カ国がもつ原子力技術と軍事にも転用できる両用技術などの先端産業をもち、しかも、いずれの国も過去において核兵器の開発を追求していたという経歴があり、さらに核武装した敵対国の脅威からなんとか回避したいという強い願望を抱いているからである。

一般に核拡散の危うさに対する世界の関心は、核拡散防止条約（ＮＰＴ）への未加盟国あるいは条約の重要要件に違反した国に向けられている。北朝鮮、イラン、パキスタン、シリア、最近ではイラク、リビア、ミャンマーが核保有の疑惑国として常に名前があがる。インドとイスラエルはＮＰＴの非加盟国だ。こうした国が懸念材料となる理由のひとつは、核拡散にはドミノ効果がともなう場合が少なくないからである。アメリカが原子爆弾を完成させると、アメリカはこの情報をイギリスと共有して、それに追いつこうとソ連を駆り立てることになった。そして、ソ連が中国に原子爆弾の製造技術を供与すると、この事態にインドは核の均衡を得ようと躍起になった。中国の協力のもとで、今度はパキスタンがインドの核に対抗する。こうしたケースあるいはその他のケースに見られるように、核拡散を研究するうえでドミノ理論は中心的な課題となってきた。

イランの機微技術*開発で、サウジアラビアなどの近隣諸国も同様の技術開発へと駆り立てていくことになるだろうと見なされている。中東地域の核ドミノのこれからを分析するうえで北東アジア情勢の観測が役に立つのは、ここは最近になって新たな核武装国の出現を見た地域だからだ。北朝鮮が核兵器を保有すれば、その事実はゲームチェンジャーと化し、日本、韓国、おそらく台湾も核兵器に手を出す公算はきわめて大きい——二十一世紀初め、観測筋の多くはそう予測した。アメリカのある研究者は、二〇一六年の時点で北東アジアには六カ国の核武装国が出現していると警告していた(1)。

しかし、北朝鮮が二〇〇六年に核実験を行っても、これにならって核保有に踏み切る近隣国は現れなかった。一九六四年、中国が核実験を実施した際も他国は核保有に走らなかった(台湾のように開発を試みた例がなかったというわけではない)。このアディルフィペーパー**の目的は、その理由を検証するとともに、現在のこうした状況はこのまま推移するのか検討してみる点にある。

核を持たない「潜在的核保有国」

本書を執筆したもうひとつの理由はイランの核問題である。自国の核プログラムについて、イランは自分たちが希望するのは日本と同様の処遇にとどまることだという主張を繰り返してきた。つまり、核拡散防止条約に基づき、民生を目的とするウラン濃縮を認めてほしいという主張である。だが、西側の専門家には、この主張はとてもではないが信用できるものではなかった。核の保障措置***をめぐる違反、あるいは核兵器に関する不透明性や開発への関与などの点で、無傷の日本の履歴に比べ、イランはきわめて対照的だ。

だが、こうした格差もいまや変わりつつある。二〇一五年七月、包括的共同作業計画として知られるウィーンの協議協定に基づいて強化された検証措置を受け入れたことで、イランの立場は日本の処遇に一歩近づいていく。この合意のもとでウラン濃縮が認められたこと、とりわけ遠心分離機の制限と合意の枠組みが一五年間にわたって有効な点で批判をかわし、日本と同様の処遇というこの国の目的はさらに一歩近づいた。今日、核燃料サイクルに関する機微技術――ウラン濃縮(2)と使用済み核燃料の再処理によるプルトニウムの抽出(3)――の拡大こそ、おそらくもっとも懸念しなくてはならない核拡散をめぐる不安なのだ。核政策を研究する二名のアメリカ人研究者がつい最近指摘したように、「核

---

* 大量破壊兵器の開発に転用可能な技術。原子力事業ではウラン濃縮や使用済み核燃料の処理などの技術がある。
** 国際戦略研究所（IISS）が刊行している論文集のシリーズ名。
*** 核物質が核兵器に転用されないことを担保するために国際原子力機関（IAEA）が行う検認活動。

保有の潜在的可能性が新たな核拡散となっている」(4)のだ。

これらの技術が自国にも許されるよう、韓国もさかんにロビー活動を進めてきた。ウラン濃縮もプルトニウムの再処理も民生用という目的をもつが、核兵器の開発にいたる二つの道を提供することから、両技術ともアメリカによって規制の対象とされ続けた。第二次世界大戦後、韓国と台湾では、権威主義政府のもとでこうした技術が平和利用とは異なる目的で追求され、どちらも完成前にワシントンによって中断させられていた。日本の場合も、第二次世界大戦中、双方の技術に基づいて核兵器の開発が進められていた。

今日、状況は以前とは異なっている。アメリカの安全保障の相手国が核不拡散にともなう義務や責任を反古《ほご》にするなど前代未聞の話だ。そんな事態に陥るとするなら、状況を一変させる劇的な変化が生じ、脅威への認識が高まると同時に安全保障の絆をめぐるアメリカへの信頼が失われ、三カ国のうちのいずれかが自国の核保有を考える場合に限られる。とはいえ、核オプション*を意図的に用いて侵略の脅威を相殺すること、つまり核ヘッジング**の選択となると、これはまた別の問題だ。

原子力産業における高度な開発状況を考えると、日本、韓国、台湾はいずれも潜在的な核保有国といえそうだ(5)。どの国も外部の助けを借りることなく数年、あるいはそれよりも短期間で核兵器を製造できるが、三カ国ともそれには手を染めない道を選択している。とりわけ日本の場合、核潜在力についてよく指摘されがちなのは、この国が高い再処理能力と濃縮技術をもっているからである。また、日本は核ヘッジング戦略を採用しているとたびたびいわれ続け、アナリストのウエン・ボーエンとマシュー・モーランは、いみじくもこの核ヘッジング戦略を「意図的な核潜在性」と名づけている(6)。

韓国と台湾も何度かこの核ヘッジングは検討していて、かりにアメリカが課している制約から離脱する道を選んだ場合、両国ともさほど時間を置かずにこうした技術を確保することができるはずだ。本書では、三カ国それぞれの核技術の現状について各章で検証しており、もし核兵器製造という決定的な判断がくだされた場合、完成までにどの程度の時間がかかるか、その点についても分析を試みている。

核保有へといたる日程は、核拡散の文脈におけるもうひとつの主題だ。二〇一〇年、政治学者のスコット・サガンはこの点に関する理想的な概要を提供しており、それによると、日本のように核分裂性物質にアクセスできる国の場合、完成までのスケジュールは四年もしくは一年未満のあいだ、そしてプルトニウムや濃縮ウランが入手できない国の場合では、それ以上の時間がかかるとしている。[7]

とはいえ、こうした見極めは工学上の公式をベースにしているので、現実の文脈から乖離し、どうしても機械的になりがちだ。開発する兵器に対して、当のその国がどの程度の簡略化を目論んでいるのか、あるいはどの程度の兵器を望むのかという前提しだいで推定値は大きく違ってくる。切迫した状況にあるなら、一刻でも早く核兵器が必要だという判断がくだされ、この場合、核の安全性や弾頭

＊いつでも核武装できるという選択肢（オプション）のこと。このオプションを担保する技術的な能力や基盤が民生用の原子力事業にほかならない。原子力事業を通じて核オプションの可能性をもつ国は潜在的な核能力を有するともいえる。

＊＊　核兵器保有と反核兵器保有の中間にある政策。核オプションや潜在的核能力の維持、あるいは維持をアピールすることで、他国からは比較的短期間のうちに核兵器開発が可能だと見なされる政策的意図に基づいている。

の信頼性、政治的な思惑や外交上の配慮、法的な厳密さについては、首脳陣によって二の次として扱われるかもしれない。

これまで核武装を遂げたほぼすべての国と同じように、開発プロセスがさらに慎重に進められれば、開発に要するスケジュールは何倍もの期間に及ぶかもしれない。数発の爆弾を猛烈なスピードで製造するような真似は、生き残りをかけて強固な核抑止力を求める国が選びとるようなコースではないだろう。

「核ドミノ」という悪夢

核保有に踏み切るうえで、一番の影響を与えるのが認識される脅威の性質なのだろう。日本と台湾にとって脅威とは中国からの脅威で、核兵器と通常兵器いずれの点でも変わらない。韓国（日本にとってもある程度）には北朝鮮の核が最大の脅威で、二〇一六年一月六日に北朝鮮が行ったと主張する水爆実験でこの脅威はさらに高まった。また、将来的には別の理由が動機として生じてくる可能性もある。たとえば日本が不安視するのは、北朝鮮の核兵器技術を引き継いだ敵対的な南北統一国家の出現であり、韓国は韓国で（北朝鮮もまた）日本に対して不安を覚えている。

こうした不安が核の連鎖を引き起こすおそれを募らせていく。かりに日本が核兵器をもつことにでもなれば、日本に対抗して核保有という、ほとんど抑えようのない動機を韓国に与えることになるだろう。逆のケースもまたしかりだが、日本では核兵器に対する社会的反感がことのほか強い点を踏まえると、その可能性はあまり高いものではない。

日韓のいずれか、それとも日韓両国の核保有をきっかけに起きる核不拡散の世界的秩序の破綻で、台湾も同じように核不拡散の履行を放棄するかもしれない。ただ、初期の理論家らには自明の原理のように見なされていた核ドミノ理論だが、ごく最近の研究ではこの理論も疑問視されている。[8]とはいえ、悪夢のシナリオを頭から締め出すのはそれほど容易なことではない。二〇一四年五月、韓国の朴槿恵大統領は、北朝鮮が四回目の核実験を実施した場合、近隣地域で核ドミノを引き起こすかもしれないとコメントしてこのシナリオをふたたび呼び覚ました。[9]

だが、脅威の存在は核保有への十分条件ではない。もしそうなら、三カ国ともすでに核を保有しているはずだ。どの国のケースにおいても最大の変数であるのが、安全保障のコミットメントをアメリカはかならず履行するという信頼性なのである。同盟国を防衛するという拡大抑止の信頼性をアメリカが変わらずに維持することこそ、北東アジアの核不拡散に対するもっとも強固な保障措置にほかならないのだ。アジアの安全保障関係者のあいだでは疑問視されがちな信頼性ではあるが、なにごともなければ肯定的に判断されている。しかし、反政府勢力に化学兵器を使用したシリア政府に対し、バラク・オバマ大統領は表明した〝レッドライン〟を履行せず、また、ロシアがクリミアを占拠したときもアメリカとＮＡＴＯ同盟諸国からの軍事的反応はなかった。中国が同様な行動に出た場合、アメリカはどう応じるのかという疑問がこのときもちあがっていた。

もちろん、このたとえは妥当ではない。シリアの反政府勢力もウクライナもアメリカの安全保障がコミットメントする対象ではないからだ。しかし、それでも疑念は残る。クリミアの事件で北京が勢いを得て、アメリカの拡大抑止でカバーされていない地域、たとえばベトナム領海、そしておそらくは台湾に侵攻してくるような事態を招きはしないのだろうか[10]。

本書は、中国が露骨な侵略国家になると予言するものでもなければ、北東アジアの民主主義国家が核武装に向かうと予言するものでもない。そうではなく、本書で試みられている検討とは、将来この三カ国を核保有に向かわせるかもしれない情勢そのものなのだ。アジアの潜在的核保有国が核ヘッジングの階段を昇っていくのを避けるには何がなされるべきか、本書ではその点についても検討が加えられている。頼もしいことに、核のドミノ牌が倒れ込むのを阻むために必要な政策については、すでにほとんどの準備が整えられている。ただし、こうした政策には不断の注意を傾けていくことが必要不可欠であるのはいうまでもない。

第1章
韓国

北東アジアで核武装国が新たに出現するのなら、大韓民国（ROK）である可能性がもっとも高い。ただ、この見方はいずれ韓国が核武装を選択すると予言するものではない。核拡散防止条約（NPT）に向けられた韓国の支持に揺るぎはなく、ソウルの政府も少数派の政治家や評論家が突きつけてくる核推進の主張はかたくなに拒絶している。政府の当局者にはこうした支持者が向き合おうとしないマイナス面がよくわかっているのだ。

それは核をもったことで、直接的あるいは間接的に科されるはずの制裁にともない、国に負わされる経済や国際的地位へのダメージであり、アメリカとの同盟関係を危機にさらすことによる安全保障上の巨大なリスクだ。核兵器開発を進めることで、アメリカとの関係は損なわれ、韓国はさらに無防備な状態に陥る。ただ、以上のデメリットは韓国の一般国民には容易には理解されていないようで、世論調査では国民の三分の二が核兵器の保有に賛成の声をあげていた。[1] こうした世論調査からうかがえるのは、韓国においては核不拡散の規範がいまだ底の浅いものにとどまっているという事実なのだ。

一九七〇年代、権威主義政権のもと、韓国は二度にわたって核兵器開発を進めてきた。最近もまた国際原子力機関（IAEA）の保障措置に違反して、この国の核科学者はウラン濃縮と再処理の実験を行っていた。日本が享受する機微技術の権利を得て、この技術が秘めている兵器としての能力に韓国が決然と向かっていく姿を目にするのは国家主義者の切なる願いなのだ。しかし、アメリカの軍事的コミットメントが信頼できるものである限り、政府が核兵器開発の敷居を超える可能性はきわめて低い。

朴正煕の極秘核プログラム

一九七〇年代の大半にわたり、韓国で秘密裡に進められた核兵器開発プログラムを指揮したのは朴正煕*大統領だった。一九七〇年、朴によって国防科学研究所と兵器開発委員会が設置されて研究が始まると、いずれの組織も青瓦台**の厳しい管理のもとで兵器の調達と製造の責任を負った。一九七三年後半、兵器開発委員会——二〇名の科学者を含む——は核兵器開発に関する長期計画を策定、この計画のもとで六年から一〇年のうちに核兵器の完成が目論まれていた(2)。最優先されたのは韓国原子力研究院（ＫＡＥＲＩ）によるプルトニウムを抽出するための再処理技術の獲得だったが、原子力発電所（ＮＰＰ）との関係を通じて国防科学研究所はすでに核燃料サイクルの開発に取り組んでいた。

朴正煕の兵器開発は安全保障上の不安に根差しており、とりわけアメリカから見捨てられることを

＊　国際戦略研究所（ＩＩＳＳ）の表記にしたがい、韓国人の人名表記は姓を先に記す韓国式に準じた。ただし、引用文献等については刊行物の表記にしたがって記載している。
＊＊　韓国大統領の官邸で、青い瓦を戴いていることからこう呼ばれる。

恐れていた。当時、朝鮮民主主義人民共和国（北朝鮮：DPRK）は経済と軍事力にまさり、韓国に対して絶えず強硬な姿勢で臨んでいた。[3] 一九六八年一月に起きた二つの事件がその危険をまざまざと示した。この月二十一日、朴正煕暗殺を企図する北朝鮮の奇襲部隊が青瓦台から一〇〇メートル以内の地点まで侵入してきたのだ。

二日後、北朝鮮はさらにアメリカ海軍の艦艇プエブロを拿捕——同艦は元山沖合で通信を傍受している最中だった——乗り組んでいた八二名は拘束された（乗員らはその後一一カ月間拘束された）。翌六九年四月には、アメリカの偵察機EC-121が北朝鮮によって公空で撃墜される。一連の事件に対するワシントンの対応に不満を覚えた朴は、北朝鮮の侵略行為の処置に関して、アメリカは断固たる決意に欠けているという印象を抱くようになっていたのだ。

朴正煕の不安をさらに高めたのは、一九六九年七月二十五日、アメリカ大統領リチャード・ニクソンがグアム島で発表した思いもよらない声明で、アジアの同盟国に対してアメリカが負っていた通常防衛は各国の自主的な対処にまかせるという新たな政策転換だった。[4] 二年後、朴の強硬な反対にもかかわらず、追加撤退を求めるアメリカ議会の声に押され、アメリカ政府は前ぶれもなく第七歩兵師団を撤収させた。さらに一九七一年から七二年にかけて起きたニクソンの米中国交正常化と台湾（中華民国）との関係軽視が、アメリカに対する韓国の信頼をさらに損ねることになる。韓国と台湾の類似点を踏まえると、とりわけその思いはひとしおだった。[5]

韓国がなにより案じたのは、ソウルの背後でワシントンとピョンヤンが対話を始めているかもしれないという思いであり、あるいは北京の要求をワシントンが受け入れ、在韓米軍を朝鮮半島から残らず引き揚げてしまうかもしれないというおそれだった。[6] 一九七四年には日本生まれの北朝鮮人による朴暗殺未遂事件（犯人は誤って大統領夫人を殺害）が起こると、一九七四年と翌七五年には二本の侵攻用の北のトンネルが発見され、さらに一九七五年、南ベトナムが共産主義者の軍隊にくだると、韓国は脅威認識をますます募らせていった。

アメリカが約束を履行するのかという疑念を抱いているさなか、挑発的な敵から国を守る危惧は朴正煕を核兵器による防衛へと駆り立てた。当局は秘密裡にカナダから重水炉の購入を図るとともに、使用済み核燃料の再処理プラント（年間二〇キログラムのプルトニウム分離に対応）はフランス、[7] ベルギーからは混合酸化物（ＭＯＸ）燃料の再処理ラボの購入を試みていた。

だが、こうした調達努力もアメリカの諜報機関から隠しおおせるはずはなく、とくに一九七四年にインドが核実験を実施すると諜報機関も警戒心を高め続けていた。インドの核実験ではカナダから提供された重水炉が使われ、重水はもともとアメリカで製造されたものに頼っていた。ワシントンは売買を阻止しようとオタワ、パリ、ブリュッセルに介入、韓国に対しては民間の原子力計画への融資を中止すると迫った。国務長官ヘンリー・キッシンジャーは朴に向かい、核兵器開発プログラムを中止しなければ、アメリカは同盟関係を打ち切り、核の傘を引き揚げると詰め寄った。[8] 朴にはこの要求を受け入れるほか手立てはなかったのである。

しかし、核兵器開発プログラムに踏み切る以前の一九六八年の時点でさえ、韓国は核拡散防止条約への加盟には二の足を踏んでいた。中国からの核攻撃の可能性あるいは北朝鮮への核兵器の移転を恐れ、自国の政治上のオプションが制限されることを韓国は望んでいなかった。それでもこの年に韓国が核拡散防止条約に署名したのは、ひとえにアメリカの圧力とワシントンによる安全保障へのコミットメントが確約できたからである。ただし、署名開放に応じて署名はしたものの[9]、批准したのはようやく一九七五年、朴が兵器開発の中止に同意したあとのことだった。

核開発はどこまで進んでいたか

朴正熙の中止命令はほどなく覆される。一九七六年十一月の米大統領選でジミー・カーターが選出されたのだ。選挙運動中、カーターは韓国に駐在するアメリカの全軍の撤退を公約として掲げるとともに、韓国の人権蹂躙を激しく非難していた。カーターの大統領就任で朴の最大の恐れは現実となり、極秘の核プログラムへとふたたびこの国を促す。しかし、このときの開発で朴は海外の圧力を招かない方法、つまり必要な技術は間接的に調達するよう担当者に指示を出していた。一九七六年十二月、政府は韓国核燃料開発研究所を設置すると、再処理技術を習得させるべく研究者をフランスとベルギーに派遣した。また、国産のプルトニウム生産炉の設計にも着手している。一連の動きはアメリカの情報機関もつかんではいたが、活動が核兵器開発に関連するという確証を得ることはできなかった。

一九七九年十月の朴正熙暗殺後、そのあとを全斗煥が継ぐと核兵器に関連した活動は停止、機密作業にかかわっていた八七〇名の科学者集団は解散した[10]。全斗煥はクーデターで権力を掌握したうえに光州市の民衆蜂起を容赦なく弾圧していたこともあり、アメリカとの友好関係による正統性を必要としていた[11]。このころには在韓米軍と戦術核を韓国から引き揚げるというカーターの計画はすでに中止になっていた。一九八一年に政権についたレーガン政府のもとで、ふたたび強固な安全保障が提供されるようになったが、一方で、核兵器にかかわるこの国の活動が完全に終結していない場合に備え、関連するミサイル開発プログラムともども、制裁という威嚇は変わらずに維持されていた。

核兵器開発に韓国がどの程度こぎ着けていたのかという点については評価が分かれる。一九七五年三月、アメリカ国務省の公電は限られた性能の兵器とミサイル能力なら一〇年で開発可能だという楽観的な分析をしていた。ソウル駐在のアメリカ大使は韓国の技術能力は過小評価すべきではなく、一〇年どころかそれよりも「かなり早い」時期に核兵器を開発できるだろうと答えた(12)。

開発プログラムに関係していた科学者は一九七八年、上層部に一九八一年までには完成すると語っていた(13)。しかし、開発プログラムにかかわったエンジニアたちは、この主張は誇張されたものだと、のちに受けたインタビューで指摘、当時の韓国は計画段階にすぎなかったという(14)。事実、兵器級のプルトニウムを生産できた原子炉など韓国はもっておらず(15)、再処理プラントやウラン濃縮施設、核弾頭の搭載が可能なミサイルさえ皆無だった。アメリカが介入していなければ、韓国は一九八〇年代半ばには核兵器を保有していただろうという意見は(16)、かりにとはいえやはり誇張された話にほかならない。

過去に存在した核兵器の研究について、現在の韓国はさまざまな見方をしている。核不拡散の点では確固たる支持者であっても、朴正熙は国防上、核が必要という考えにしたがって開発を進めたという理由から朴を擁護している。また、核の保有は当時の潮流であり、一五カ国あるいはそれ以上の国が核兵器を保有、もしくは保有することを目指していたという話を引き合いに出してくる(17)。好んで語られる話のひとつは、韓国を見捨てようとするワシントンを翻意させるために朴正熙はブラフをかけたにすぎなかったという説だ。

開発プログラムに向けられた朴の活動と一貫性を欠いた財政支援を振り返ると、一九七七年に再開したプログラムは核オプションを生み出すことに目的が置かれ、かならずしも核兵器そのものを製造するためではなかったように思えてくる。[18] 青瓦台の当局者は、イスラエルの核兵器の存在が推定にとどまるのとまったく同じように、韓国にも核の製造能力があるとアメリカが受け止めると信じていたのだ。[19]

全斗煥は核兵器開発プログラムを消滅させたが、その熾火《おきび》は消えずに残っているのではないかという疑問が折に触れて湧いてくる。一九九一年に報告された例では、その二年前、韓国の合同参謀本部は国防部長官の李相薫に対して、「トリプルＸＸＸ計画」として知られる核兵器開発について全面的な再開案を提出していたといわれている。国家安全企画部（前身はＫＣＩＡと称された大韓民国中央情報部）の副部長だった徐秀宗によれば、トリプルＸＸＸ計画に対して盧泰愚大統領が明確な拒絶を示さないままでいた一九九一年中頃、この事実をアメリカがキャッチすると、盧に命じて大田市の韓国原子力研究院（ＫＡＥＲＩ）近郊にある疑惑の原子力関連施設から科学者やエンジニアを追放させている。[20]

実施されていたウラン濃縮と再処理実験

一九九一年十一月八日、盧泰愚は「朝鮮半島の非核化と平和構築のための宣言」を発表、韓国は「核兵器を製造、保有、貯蔵、配備、使用しない」と宣言した。また韓国は「核再処理および濃縮施設をあきらめなければならない」と盧は表明している。[21] 核に関する五項目に「ノー」を連ねた記憶に残るないない尽くしの要素は、この年九月、アメリカ大統領ジョージ・ブッシュが発表した全地上発射短距離核兵器を国外地域から引き揚げるとともに、水上艦艇、攻撃型潜水艦、陸上配備海軍航空機に搭載する核兵器を撤去させるという声明を受けたものである。冷戦が頂点に達していたころ、韓国には九五〇発ものアメリカの核兵器が配備されていた。[22]盧泰愚の声明はこの国の核不拡散政策にとって、現在でも主要な方針であり続けている。

この非核声明は「朝鮮半島の非核化に関する南北共同宣言」にいたる道を開き、一九九一年後半に南北の交渉が始まると、一九九二年一月に署名が交わされている。両国とも「核兵器の実験、製造、生産、搬入、保有、貯蔵、配備、使用をしない」と同意した。[23]相互査察のために訪問しあうことが検証措置に含まれていたが、検証が実行されることは一度としてなかった。同意は北朝鮮によって露骨に踏みにじられたにもかかわらず、ウラン濃縮と再処理を控えることは韓国政府の公式方針になっている。

盧泰愚がウラン濃縮と再処理の断念を受け入れたのは、もっぱらアメリカの圧力によるものだった。この措置は韓国が切望していたような期限つきのものではなく、アメリカは無期限だと主張した。[24]核に関する機微技術を断念する盧の意向は、科学界や安全保障のコミュニティーで物議をかもし、民生の原子力技術を不必要に制限し、対北朝鮮の外交上の切り札に支障をきたすものだとして多くの人間が異議を唱えた。[25]

案の定、完全な核燃料サイクル開発に向けられた韓国の関心が途切れることはなかった。二〇〇四年、ウラン転換、ウラン濃縮、プルトニウム分離に関して、一九八二年から二〇〇〇年にかけ、研究室規模の実験が何度も実施されていたという情報が明るみに出てくる。実験は民間の研究施設で行わ

れていた。軍とのかかわりを示唆するものは皆無で、体系的な計画にしたがって実験は実施されていた。(26)

濃縮と再処理の実験を行っていたという韓国の報告は、遅まきだったにせよ、この国が締結した国際原子力機関（ＩＡＥＡ）の追加議定書*にしたがって韓国が自己申告したものである。一九九〇年代早期にイラクが秘密裡に進めていた軍事核プログラムの発覚を契機に、保障措置を強化する目的で一九九七年、追加議定書が導入されていた。

一九九三年から二〇〇〇年にかけ、適用除外や未申告の核物質を含んだウラン濃縮実験が韓国の大田にある韓国原子力研究院（ＫＡＥＲＩ）の施設で少なくとも一〇回にわたって実施されていたのだ。一連の実験では原子法レーザー分離（ＡＶＬＩＳ）方式が採用され、総計二〇〇ミリグラムの濃縮ウランを生産、ウラン２３５の濃縮度は平均で約一〇パーセント、最大濃縮度は七七パーセントだった。韓国側は、この実験はＫＡＥＲＩのトップである院長じきじきの認可によるものであり、一四名前後の科学者が参加、安定同位体分離プロジェクト（そもそも濃縮ウランの生産を企図した実験ではない）として行われたものだと説明していた。

一九七九年から一九八一年には、この実験に先立って化学分離法による実験が未報告のまま行われ、きわめて低濃度（ウラン２３５、〇・七二パーセント）のごく微量の濃縮ウランが製造されていた。二〇〇四年の韓国の申告を検証していたＩＡＥＡは、さらに韓国がウラン転換**を未報告のまま実施していた事実を知る。このときの実験では約一五四キログラムの六フッ化ウラン（天然ウラン）が製造されていた。(27)

一九八二年にはソウルにあるトリガⅢ型原子炉を使い、プルトニウム分離試験を実施していた事実についても、韓国は二〇〇四年に報告していた。二・五キログラムの劣化ウランに中性子を照射し、約九八パーセントのプルトニウム239の同位体をもつ〇・七八グラムの――きわめて少量だが非常に高品位――プルトニウムが製造されていたのだ。この実験は、関係する研究者の科学的な関心に基づいて行われたものにすぎないと韓国側は語っていた[28]。

韓国があらかじめ実験を申告しなかったのは、保障措置で課された義務への明らかな違反だが[29]、IAEA理事会は保障措置違反という結論はくださず、したがってこの件が国連安全保障理事会に報告されることはなかった。理事会の決定に代わり、理事会議長はIAEA事務局長モハメド・エルバラダイの見解、つまり「韓国が保障措置協定に関して未申告で実験を行ったことは深刻な懸念である」を支持する報告書を発表していた[30]。

政治的な思惑こそ、違反という結論にいたらなかった大きな理由である。核物質の量がごくわずかで、しかもIAEAの検証活動に進んで協力したことを理由に、韓国とその支持者らは理事会の温情に富んだ処置を当然のものとして受け入れた。追加議定書の有効性を実証したことで、むしろ保障措置レジームを強化することになったと韓国はうそぶいた[31]。実験を把握できたのはごく最近だと言い張

＊　国際原子力機関と保障措置協定を締結した国とのあいだで追加的に交わされた保障措置強化の議定書。未申告原子力活動と核物質の探知を検認する。
＊＊　転換とはウラン精鉱（イエローケーキ）から六フッ化ウラン（天然ウラン）を製造すること。

り、理事会メンバーには激しいロビー活動も行っていた。

アメリカは同盟関係への影響を望んでおらず、またこの一件を攻撃材料として北朝鮮に利用させたくはなかった。その一年前の二〇〇三年、北朝鮮は核拡散防止条約からの脱退を表明して注目を集めていたからである。イランはさらにはなはだしい違反を犯していながら、いまだ安全保障理事会に付託されていない事実ももうひとつの理由になっていた。

二〇〇八年五月、未申告の確認から四年後、ＩＡＥＡは韓国が過去に申告がないまま実施したウラン濃縮、ウラン転換、プルトニウム分離などの全活動に関する件は解決したと判断すると結論づけた。ＩＡＥＡもまた追加議定書に基づき、韓国国内の核物質はすべて平和的活動に使用され続けていたという「拡大結論*」を引き出すことができたのだ[32]。韓国は韓国で透明性を促していこうと自国の原子力法を改訂して韓国原子力統制技術院を設立、今後、保障措置はここに委ねられることになった[33]。

しかし、実験に関与した科学者は誰一人として処罰されていない。それどころか、彼らの尽力によって国のエネルギー安全保障が強化されたこと、自国の技術進歩に制限を加えようとする他国に抗ったことに対し、国民の多くは彼らを救国の英雄だと見なしている[34]。

弾道ミサイルと巡航ミサイル技術

韓国に確たる核の潜在力をもたらしているのが、原子力エネルギーをめぐるこの国の強固なプログラムと産業力である。石油は産出せず、電力需要が急速に高まり続けるなか、乏しい自国のエネルギー資源に対処しようと、韓国では一九七〇年代から原子力の導入が図られてきた。

今日では二四基の原子炉が国の電力の二九パーセントを供給する。現在、四基の原子炉が建造中で、さらに四基から八基の建造計画が進行しているため、韓国の原子力発電能力は二〇二二年までに約三二・九ギガワット、つまり国の全電力供給の三分の二近くが原子力でカバーされることになる。[35] ただ、こうした拡張計画が遅れそうなのは、福島の原発事故と二〇一三年に起きた安全性をめぐる一連のスキャンダルを理由に反原発が顕著になり、運動に勢いがついているからだが、それでも原子力は韓国経済の中核を担い続けている。

　肝心のウラン鉱床が国内に存在しないので、ウランはカザフスタン、カナダ、オーストラリア、ニジェールなどの国から輸入、ウラン濃縮のサービスはフランスに頼っている。軽水炉と重水炉の燃料は大田の施設で加工されている。初期に導入された二基の研究炉（韓国研究炉1号の電気出力は二五〇キロワット、2号は二〇〇〇キロワット）は一九九五年に廃炉、その後熱出力三〇メガワット（MWt）の原子炉ＨＡ《ハ》ＮＡ《ナ》ＲＯ《ロ》（先進的高中性子束炉）に置き換えられ、同位体製造および研究炉として使われている。また、釜山広域市にある一五メガワット施設の機張郡試験炉は二〇一七年に運転を開始することが予定されている。

　二〇〇九年十二月、韓国はアラブ首長国連邦（ＵＡＥ）向けに四基の原子炉供給に関する二〇四億ドルの契約を落札して原子炉の輸出国に転じた。その四カ月後にはヨルダン向けの五メガワットの研究炉の建造を受注している。リトアニア、ルーマニア、トルコ、ベトナムやそのほかの地域での取引

＊　申告された核物質の平和目的以外の転用がなく、未申告の原子力活動や核物質が存在しないという結論。

で、韓国は二〇三〇年までに原子炉の世界市場で二〇パーセントのシェアを獲得しようと目指しているのだ。二〇一五年三月、韓国原子力研究院（KAERI）はサウジアラビアとのあいだで出力三三〇メガワットの新型原子炉SMART《スマート》を二基、もしくはそれ以上を建造するフィージビリティースタディー（実現可能性調査）で合意、SMARTは砂漠の国で海水脱塩プラントを稼働させるにはまさにうってつけの原子炉だ。

原子力の研究と開発の点では、韓国は世界の主導国のひとつなのだ。とくにKAERIは、放射性廃棄物の管理だけではなく、新型炉の設計や先進核燃料などの開発にも取り組んでいる。さらに三種の異なるタイプの高速炉の開発が進行中だ。そのうちのいくつかは第四世代原子力システムに関する国際フォーラムとの関連で、アメリカ合衆国エネルギー省と連携して進められている。核燃料サイクル技術のなかで、KAERIが評価しているのが使用済み核燃料のリサイクリング手法である。この国が国際熱核融合実験炉プロジェクトの参加七カ国のひとつであることからも、韓国が原子力技術の点においていかに進んでいるのかがわかるだろう。

また韓国はミサイルと航空宇宙に関する確たる開発プログラムと先進的な固体燃料技術をめぐる専門知識にも恵まれ、通常兵器として核弾頭の搭載が本来可能な短距離弾道ミサイルと巡航ミサイルも保有する。韓国の玄武Ⅰ、玄武Ⅱシリーズは、アメリカの弾道ミサイル、ナイキ・ハーキュリーズをベースにしており、固体燃料を使い、五〇〇キログラムの有効搭載量をもつ。外殻の直径は〇・五四メートル（第一世代の核兵器に比べるとほぼ例外なく小さい）。アメリカに課された核弾頭を搭載しない意図を明示する指針のもと、射程は当初一八〇キロメートルに制限されていた。二〇〇一年、この制限が三〇〇キロメートルに拡大されたのは、韓国のミサイル管理レジーム*（MTCR）への参加にともなうもので、新体制のもとでは弾頭重量五〇〇キログラムの輸出ミサイルはこの射程距離に制限される（射程距離と搭載量はトレードオフ方式）。

二〇一二年、アメリカとの交渉を経て射程距離は八〇〇キロメートルまで拡大、これによって韓国中央部の大邱から発射したミサイルは北朝鮮の全域に到達することが可能になった。これまでにない積極的抑止戦略の文脈のもとで韓国が射程距離の拡大を要求するのは、その二年前に起きた北朝鮮による致命的な挑発（これについては後述）に対応したものだった。

この射程距離をもつミサイルの開発は射程制限が拡大される以前からすでに進められ、二〇一七年までには配備される予定だ。(36) 射程距離と搭載量に関するトレードオフを踏まえると、韓国は射程四〇〇キロメートル、搭載量一〇〇〇キログラムの弾道ミサイルが開発でき、国境付近から発射すれば、北朝鮮のどこにでも比較的高度な核兵器を到達させることが可能だ。(37) こうした弾道ミサイルには、ロシアの大陸間弾道ミサイル（ICBM）で使われていた先進システムがどうやら取り入れられているようである。(38) ミサイルプログラムに関しては、韓国が日本よりも進んでいて、日本の場合、人工衛星の打ち上げ機のプログラムは存在するが、陸上発射ミサイルのプログラムはもっていない。

韓国ではターボジェット推進の巡航ミサイルの開発も進められてきた。外殻は直径〇・五二メートル、搭載能力は五〇〇キログラムのミサイルで、駆逐艦と潜水艦から発射可能だ。最新モデルの玄武

＊　大量破壊兵器の運搬手段であるミサイルおよび関連汎用品・技術の輸出管理体制。

－ⅢＣでは、最大射程は一五〇〇キロメートルで平均誤差半径（ＣＥＰ）は三メートル（特定の攻撃目標に向けて発射したミサイルの二分の一が目標の三メートル内に着弾）。また、二〇一二年には無人航空機のガイドラインが緩和され、搭載量は五〇〇キログラムから二五〇〇キログラムにまで増量された。

航空宇宙開発プログラムでは、ロシアの技術援助を得て二段式ロケットの開発が進められ、二度の失敗ののち、二〇一三年に人工衛星の軌道投入を成功させている。現在、搭載量一・五トンの三段式ロケットの開発が進行中で、二〇二一年には初の発射試験が予定されている。このロケットで二〇二三年に月周回衛星、さらに二〇二五年には月着陸船の打ち上げが予定されている。また韓国は、核開発プログラムにも有用な民生技術の点でも多分野で世界をリードする国で、こうした分野には半導体、精密工作機械、高エネルギーの通常爆薬などが含まれている。

日本との「処遇差別」への怒り

だが、韓国は、核分裂性物質製造に欠かせないウラン濃縮と再処理のどちらの機微技術ももちあわせていない。その試みが存在しなかったというわけではない。一九七〇年代の兵器開発プログラム同様、エネルギー安全保障と国家的な威信を理由に、断続的ではあるが韓国で約五〇年間にわたって再処理技術の開発が試みられてきた。韓国が再処理に抱いた初志は、一九六八年の長期エネルギー計画を反映したもので、高速増殖炉の開発に拍車をかけることにあった。一九八〇年代、プルトニウムのリサイクルこそ、輸入ウランへの依存を減じる方策と考えられていた。

一九九〇年代になるとこうした論拠に変化が生じ、使用済み核燃料の処理という問題に向き合うことになる。[39]他国同様、韓国も中間貯蔵施設は皆無だった。法律によって使用済み核燃料は使用されたサイト内に保管しておかなくてはならず、伝えられるところでは国内サイトのなかには二〇一六年までに満杯状態に陥るところが出てくる。[40]エネルギー自立もまた無視できない動機であることに変わりはない。原子力エネルギーは高い利益をもたらす主要な輸出部門だと韓国では考えられ、技術的自立を図るうえで頼みの綱となる分野だと見なされている。[41]プルトニウムをリサイクルしなければ、使用済み核燃料がもつ経済性を失うと韓国は主張する（使用済み核燃料がもつ経済性を利用できる国はいまもって存在していないにもかかわらずだ）。

ウラン濃縮に向けられていたこの国の熱意が、一九九〇年代になって薄れたのは明らかだった。一九七〇年代、濃縮技術は兵器開発プログラムにおいて主役を演じられず、民間の研究プログラムでもそれに変わりはなかったが、韓国原子力研究院（ＫＡＥＲＩ）が一九九三年から二〇〇〇年に実施した原子法レーザー分離（ＡＶＬＩＳ）実験で事態は一変する。二〇一〇年に始まった米韓原子力協力協定の改定交渉で、韓国当局者はアメリカから供給された燃料について、パイロプロセシング（後述）という技術を用いてリサイクルする権利のほか、ウラン濃縮についてもアメリカが同意することを求めてきたのである。この事実は驚きをもって迎えられた。[42]

韓国の原子力コンビナートは十分な規模をもち、理論上は自国で濃縮を進めたほうが経済的だ。濃縮燃料を提供する能力があれば、韓国製の原子力発電プラントの競争力はさらに高まると主張する者もいた。だが、表立って語られはしないが、ウラン濃縮技術によって核ヘッジングという選択肢が手に入るのである。

韓国が核の独立性が必要だと語るとき、この目的を果たすにはウラン濃縮と再処理が不可欠ともちだしてくる場合が少なくない。切なるその思いは「平和的核主権」というスローガンにも象徴されている。しかし、このスローガンの由来をたどれば、否定的な意味合いは避けられない。一九七〇年代、「核主権」という用語は核兵器開発の遠回しな表現にほかならなかったのである。アメリカの核問題研究家トビー・ダルトンとアレクサンドラ・フランシスが説明するように、「平和的」という一語をつけ加えようが、この用語がもつ本来の意味――核エネルギー活動をさらに幅広く管理するとともに、望ましくないレベルにまで達したアメリカの管理から脱することへの強い願い――は変えようがないのだ(43)。

核独立への探求心に油を注いでいるのが、感情的なナショナリズムと差別的な処遇への韓国の憤慨である。日本にはプルトニウムの再処理とウラン濃縮が認められていながら、自国はそうでない事実に韓国の国民は苦々しく思っている。二〇〇四年、韓国は小規模な濃縮と再処理を行ったことで非難された。日本が備蓄する膨大なプルトニウムを世界が黙認している事実からすれば、この非難はフェアではないと国民の多くが見なしていたことなどその好例である(44)。

韓国の不平等感をさらにあおったのが、アメリカが国内法を変え、インドとの核取引と機微技術に属するアメリカ製ウランの使用を許可した事実だった。インドは核拡散防止条約にも参加していない。さらに最近では、イランでさえ濃縮が許されたと韓国はコメントした（アメリカが責任を負うべき核物質ではなかった）。スイスでは使用済み核燃料が再処理のためにフランスに送られ、抽出されたプルトニウムを受け取れる事実も平等を欠いた対応の例として引き合いに出される。韓国の国民には、自分たちは技術的にも政治的にも同等の権利に与かれるだけ進歩してきたと悲しげに訴える者もいる。インドやイランやスイスとは違い、韓国はアメリカの同盟国としては最上位に列する国なのだから、日本と同等に扱われるべきではないのかと主張は続く。「どうして信用してくれないのか」とは繰り返して聞かされる台詞だ。

日韓の違いはなぜかという理由に韓国の国民は誰もが納得しかねている。日本が再処理と濃縮に投資を通じて一歩踏み出すことができたのは、アメリカが政策を転じ、こうした技術の拡散に反対する以前だったからである（第2章参照）。さらにいうなら、韓国とは異なり、日本の場合、第二次世界大戦後、兵器開発を目的にこの技術の使用を求めてはこず、国際原子力機関（ＩＡＥＡ）の保障措置の義務を遵守する点でも、その経歴に非の打ちどころはなかった。

プルトニウム抽出をめぐる攻防

韓国の兵器開発の歴史、大多数の国民が核武装を支持している点を踏まえると、この国の機微技術への執念そのものが、核ヘッジング戦略ではないのかと思えてくる。韓国人のなかには、国の原子力外交は再処理能力をもつことで高まるのだといってプルトニウムリサイクルを求める根拠をはぐらかす者がいる。中国は韓国が核兵器開発技術を使うことを恐れているので、北朝鮮の核に対してはこれまで以上に圧力をかけるだろう――韓国の機微技術の使用は民生用に限られていると断言したあと、この国の安全保障に携わる二名の専門家はいずれもオフレコでそう語った(45)。

二〇一四年十月、ワシントンＤＣで開かれたセミナーで講師として出席した文昌克――この年、セミナーに先立って国務総理候補に指名――は、韓国は「核技術」国でなくてはならないと語っていた。韓国は核武装した中国、北朝鮮を隣国にもち、核はいますぐ必要でないにせよ、保有できる能力は韓国も備えておくべきだと話していた。アメリカの元上級外交官だった人物の話では、「韓国がパイロプロセシング（乾式再処理）について口にするとき、この国の安全保障を考えている人間の多くは、兵器のことが念頭にあるはずだ」[46]という。韓国の元閣僚の一人は、韓国政府の濃縮と再処理への関心は、一九八九年、北朝鮮で初めて核関連の爆破実験の兆候がうかがえたときに火がついたと語る[47]。この発言は原子力がもつ経済的動機の影響を否定するものではないが――動機としてはおそらくこちらのほうが絶大だろう――ヘッジング戦略もまた無視できない重要な要素なのである。

一九七四年改定の「米韓原子力協力協定」（アメリカの原子力法第一二三条に規定されていることからこの協定は「123協定」と通称される。原子力法は原子力協力に関する相手国との条件を定めている）をめぐる交渉は、二〇一五年四月に結論が出るまで五年にわたって続いた。新協定の有効期間は二〇年、アメリカが提供した核燃料の濃縮と再処理について、ワシントンは事前同意を付与していないが、これらの技術を除外するものではなく、韓国政府の面子を立てている。

最大の争点は、韓国が切望するパイロプロセシング法で抽出するプルトニウムのリサイクリングだった。再処理法としてはPUREX《ピューレックス》法（プルトニウム－ウラン溶媒抽出）がもっとも一般的で、この方式では溶液を使って使用済み核燃料からプルトニウムを分離・精製する。パイロプロセシング法の場合、抽出されたプルトニウムにはアメリシウム、ネプツニウムなど他の超ウラン元素がまだ含まれているので、ただちに兵器に転用することはできない。これを理由に韓国の当局者は、パイロプロセシング法のほうが核拡散の抵抗性にまさると主張しているが、アメリカ側の専門家は、この手法を一段階推し進めることで兵器級のプルトニウムが精製できることから、韓国側とはかなり違った見方を抱いている。

アメリカの懸念は、韓国がこの技術を保有し、金属燃料を扱う経験値を高めていくことで、核兵器製造に要する時間をかなり短縮できるようになる点だ。もっともこの懸念は韓国だけに向けられたものではない。限られた例外を除けば、123協定の締結国すべてに対し、ワシントンは自国から移転された核物質の濃縮と再処理については制限を課している。アメリカとしては、他国に対して先例となる例外を作ることだけはなんとしてでも避けたいのだ。また韓国の場合、一九九二年に交わした朝鮮半島の非核化に関する共同宣言への違反であるという点を踏まえると、濃縮にせよ再処理にせよそのいずれかを認めることは、北朝鮮に対して、この協定の条件にしたがわせることがこれまで以上に困難になるという懸念も存在している。(48)

二〇一四年四月の米韓首脳会談の席上、韓国の朴槿恵大統領はアメリカ大統領バラク・オバマにこの問題を提起したが、オバマは核の不拡散原則にこだわっていた。これに先立って認めていた韓国のミサイル射程拡大のときとは対照的だった。米韓両国は二〇一一年に始まっていた期間一〇年の核燃料サイクルの共同研究の一貫として、パイロプロセシング法の検討を継続することになった。米韓両国の研究者によるパイロプロセシング法のテクニカルフィージビリティー（技術的実現可能性調査）、さらに工業的規模への配置の見通しと核拡散上の意義などの点から共同で調査を進めている。(49) 問題は事実上、二〇二一年まで先延ばしにされている。

その間、韓国は使用済み核燃料をフランスに移転して再処理を委託することが許可されたものの、混合酸化物（MOX）燃料の形態で返還された物質については、いまだにアメリカの同意が必要とされる。また、ウラン濃縮については、ヨーロッパあるいは北米の多国間コンソーシアムへの韓国の出資にアメリカが便宜を図ることになっている。

ただ、アラブ首長国連邦（UAE）、あるいは台湾とのあいだですでに交わされていた123協定とは違い、米韓123協定ではいわゆる「ゴールド・スタンダード」――濃縮と再処理の放棄を法的義務として規定――の採用は求められていない。アメリカ－ベトナムの米越123協定と同様、韓国は濃縮技術と再処理技術を明示的に放棄する政治的声明を要求されることはなかった。パイロプロセシング法に関するアメリカの立場は、「決してだめだ」ではなく「いまはだめだ」というものだと説明するのは、国務省の元高官ロバート・アインホーンで、一時期、アインホーンは韓国との交渉を進めていた。この協定には「アメリカはその他の原子力パートナーを受け入れる用意はできていないという特異な要素」が含まれているとアインホーンは言葉を添えた(50)。

パイロプロセシング問題が延期されたことで、韓国は使用済み核燃料の管理戦略と関連させながら技術的課題に向き合う時間を稼ぐことができた。ただ、リサイクル計画においては、パイロプロセシング法は最初の一歩にすぎない。次のステップは超ウラン元素を高速炉で核分裂させることであり、現在、その開発が進められている。使用済み核燃料の処理をめぐる韓国の問題は、パイロプロセシング法がいつかその答えとなるだろうが、ここ数十年のうちは無理だろう。その間、暫定措置として、ドライキャスク（乾式容器）での貯蔵、原子力発電所間での使用済み核燃料の輸送――理想的なのは地下施設で直接処分する方法——を許可する法的な変更をしなくてはなるまい。

核兵器開発は極秘裡には行えない

現在、韓国が過去に行った核兵器研究にふたたび着手している様子はまったくうかがえない。この路線が続いていく理由が優勢な点を考えると、核不拡散の履行を韓国政府はまちがいなく果たしていくはずである。とはいうものの、関連する拘束が万一にでも変わった場合、韓国はどの程度の期間で原爆を製造できるのか、これは考えてみる価値がある問いだ。

韓国の工業力、プールしている膨大な原子力関連の技術者や研究者、新たな原子力技術を習得するスピードなどの点を踏まえると、原爆製造に関してこの国が直面する技術的な障害はほぼないに等しい。また過去の兵器開発活動、小規模な濃縮と再処理実験などによって、韓国は有利なスタートを切ることができるはずだ。だが、この国にはウラン濃縮と再処理の専用施設はない。再処理工場は近道を提供するので、二年もしくはそれ以内で原爆の製造が可能になるだろう。

理論上、小規模な再処理プラントならすぐに用意はできる。一九七七年、アメリカのオークリッジ国立研究所は、単純な再処理プラントであれば、一定の条件が整えば四カ月から六カ月程度で完成、操業開始から約一週間後には一回目のプルトニウム一〇キログラムを取り出せると断言した。ただ、この試算にはプラントの設計、要員の採用や訓練、施工後の試験などの手順は含まれておらず、それらを含めると予想される所要時間はさらに増え、稼働にこぎつけるまでには一九カ月から二四カ月、もしくはこれをうわまわる期日を要することになる。[51]

国内の重水炉から技術者が内々で低燃焼度燃料を抽出できるようになる点を踏まえるなら、さらに四〜六カ月はかかるだろう。[52]一九七八年、韓国のある学者が詳細に試算してみたところ、核分裂性物質の生成だけでなく、爆弾の設計と製造、関連活動などを加えて改めて計算すると、韓国の場合、完成までに四年から六年はかかると推定された。[53]アメリカの戦略兵器の専門家ジェイムズ・クレイ・モルツは二〇〇六年、少なくとも一年あれば韓国は兵器の製造に必要なプルトニウムを分離できると言い切っている。[54]

難なく事が進むなら、おそらくモルツの試算は正解だろう。しかし、厳しい状況に遭遇しても、韓国の場合、すでに手元にある低燃焼度燃料を利用することも可能だ。わざわざ専用の再処理施設を建設しなくても、少量のプルトニウムなら大田近郊の韓国原子力研究院（ＫＡＥＲＩ）の照射後試験施設の九基のホットセルでも分離できる。この施設はプルトニウムの分離を目的に設計されたものではないが、こうした作業にも使えるのだ。そうした懸念が念頭にあるので、アメリカはＫＡＥＲＩのホットセルの規模を制限することにこだわっていた。[55]

ただ、核分裂性物質を兵器に転用するこれら一連の段階が、国際原子力機関（ＩＡＥＡ）に感知されずに進められるものでないことはとくに強調しておかなくてはならない。核兵器開発の道が選択されるのは、機密に対する懸念と核拡散防止条約の義務をソウルが振り払い、次に説明する同盟にともなう拘束を無視したときにほかならない。

核保有を支持する六六・五％の世論

二〇〇四年のウラン濃縮発覚以降、どうやらこの国は核不拡散に関する信頼性を高めようと決意を新たにした様子だ。ここ一〇年というもの、韓国は核不拡散の国際的な取り組みにおいて主要な役割をたびたび果たしてきた。たとえば二〇〇七年に「核テロリズムに対抗するためのグローバル・イニシアティブ」に参加すると、二〇一一年にはホスト国として全体会合を組織している。二〇〇九年にはアメリカが主導する「拡散に対する安全保障構想（PSI）」に進んで参加、翌年からはこの構想の政策決定機関であるオペレーション専門家会合にも加わっている。(56) 二〇一二年には当時の李明博大統領のもとでホスト国として核セキュリティ・サミットの第二回会議を開催した。原子力供給国グループ（NSG）への加盟はすでに果たしており、一九九五年にはザンガー委員会にも参加、「核物質の防護に関する条約」には一九八二年に署名していた。二〇一六年から翌一七年にかけて、韓国は二度の議長国を務めることになっている。

核不拡散問題に関し、アメリカとはさまざまなレベルで緊密な協力関係にある。軍縮と核不拡散に関するアメリカと韓国の二国間協議は二〇一三年から毎年実施されてきた。二〇一五年一月からは、拡散対抗措置に関する両国の長官レベルの交渉がひそかに始まっている。アメリカの対イラン制裁を支持するため、韓国は二〇一二年から二〇一四年にかけてイランからの石油導入を減らしてきていた。

ただ、核不拡散を支持するソウルの政策に揺るぎはないが、国民の考えはこれとは驚くほど対照的だ。過去二〇年にわたって実施されてきた世論調査を通じ、自国の核兵器開発について国民の過半数が開発を支持している事実がはっきりとわかる。民間シンクタンクの峨山政策研究院が二〇一二年と二〇一三年に行った調査では、国民の三分の二が核の保有を支持していたことが一般に公表されている[57]。

峨山政策研究院の創設者である鄭夢準は、核兵器推進に関してはこの国一番の提唱者であるため、評論家のなかにはその点を割り引いて考える必要があると指摘する者もいるが、この調査結果は他の機関による調査と矛盾するものではない。一例をあげれば、二〇一一年三月に世論調査機関リアルメーターとtv－Nが行った調査では、国民の七二・五パーセントが韓国の核保有を支持していた[58]。二〇一三年の二回の調査でも、国民の支持率はそれぞれ六四パーセント、六二パーセントだった[59]。

支持率に変動はあるものの、これらの世論調査の結果は以前に実施された調査と一致する。二〇〇五年九月の中央日報とイースト・アジア・インスティテュートの調査では、韓国は核兵器を保有すべきだと国民の六六・五パーセントが答えていたが、前年の調査では五一パーセントの支持を記録していた[60]。一九九六年と一九九九年、ランド研究所アジア太平洋政策センターと中央日報が調べた結果では、「もし北朝鮮が核兵器を保有したなら」という問いに、「韓国も核兵器を保有すべき」と答えたのは、それぞれ九一パーセントと八二パーセントだった。一九九六年の調査で九二・五パーセント、九九年で八七パーセントとこれらをうわまわる数字を残したのは、「日本が核兵器を保有した場合、韓国も核兵器を保有すべき」という問いに対してである[61]。

一九九〇年代に比較すれば、今日では核保有に対する支持率は低くなっているが、いずれの世論調査でもこうした支持が五〇パーセントをうわまわるのは注目に値するだろう。韓国では核不拡散に対する規範意識が一貫して低いことがこれらの調査からうかがえる。

韓国人のなかには、自国の核保有について、これほど挑発的ではなく、もっと容易な代替策として、アメリカの核兵器を再配備すれば北朝鮮に対して同じような効果を得られるのではないかと主張する者がいる。アメリカの核兵器は一九九一年に韓国から引き揚げられている。政治学者の全星勲は二〇一二年の論文で、妥当な数のアメリカの戦術核を配備することで、「北朝鮮核問題について突破口を開く切り札を提供することになるだろう」と論じた。(62) アメリカの核兵器という物理的なプレゼンスなら、核抑止力はさらに確実であり、アメリカもよりすみやかに北朝鮮の目標に対して攻撃できると主張する者もいる。(63)

核兵器の保有に高い支持を示していたのと同一の世論調査でも、それとあまり変わらないレベルでアメリカの核兵器再配備が支持されている。(64) アメリカの連邦議会のなかにも、自国の核兵器を韓国から回収したことについて再考を支持すると表明した議員はいたが、オバマ政権もペンタゴンもこの問題の再検討にはこれという関心を示していない。(65)

この国の当局筋が核推進という世論調査の意義に重きを置いていないのは、核兵器に向けられたこれらの支持が広範でありながらも浅薄で、北朝鮮への対抗心に駆られた国家主義者的な衝動にほかならないからだ。二〇一四年秋、韓国外交部は世論調査を実施、調査対象者に対し、結果として経済制裁と国際的な非難を招くのを知ったうえで核保有を支持しているのかと尋ねてみた。こうした条件のもとでは、支持率は五〇パーセントをしたまわっていた。この調査を通じて、外交部の職員は韓国における核不拡散教育を向上させる必要を確信したという。(66)

朝鮮日報顧問の金大中記者や保守系の中央日報の記者のように、核武装の推進を強硬に主張する者も存在する。だが、このような主張では、核拡散防止条約（NPT）のもとで国に課されている義務に対する留意はまったく払われていない。これはかつてなかった現象だ。一〇年前、つまり北朝鮮が核実験を実施する以前なら、体制側寄りの人間の口から核武装に関する見解を聞くことはなかった。[67]核兵器を求める今日の声は、ピョンヤンを押しとどめようにも、これという手を打てないこの国のフラストレーションの現れなのだ。

とはいえ、そのフラストレーションから熱烈な核推進キャンペーンが進行中だと推測するのは的外れである。「世論については、政府が核兵器の生産を開始することへの切望というより、韓国の国民が総体的に覚えている不安定な感情を反映しているようである」。ワシントンを拠点とするカーネギー国際平和基金の二〇一三年報告書にはそう書かれていた。[68]ただ、核兵器プログラムを自国で進める意味、費用、マイナス面を理解する者は、とことん支持されていない。[69]

抑止力と外交交渉力の両方を得られるはず

北朝鮮の核実験と着実なミサイル開発プログラムは、ソウルを「火の海」にするという北朝鮮の脅威をそのたびにあおり立てている。[70]韓国としては、北朝鮮の核弾頭がミサイルに搭載可能になった事実をあまり認めたくないだろうが、北朝鮮の約三〇年に及ぶ核兵器開発への取り組みを踏まえれば、おそらくその公算はかなり高い。修正された北朝鮮の憲法序文にも「わが祖国を不敗の政治思想強国、核保有国、無敵の軍事強国に変え」と、核兵器の保有は正式に記されており、この国の高官が主張するように、なにものにもかえがたいものなのである。[71]

アメリカは北朝鮮が核武装した現状を黙認し、そのかわり封じ込めに専念して北朝鮮の核兵器技術の輸出を阻止する意向なのか——韓国にはこんな懸念を抱く者も存在する。一方の韓国にしてみれば、ピョンヤンが迫ってくる核の悪夢は無視できるようなものではないのだ。(72)

現在、北朝鮮は、韓国のいずれの地域にも到達可能な弾道ミサイルとして約一〇〇〇本のスカッドミサイルとノドンを保有している。さらにこれらのミサイル用として移動式発射台約一〇〇台を用意しており、(73)すでに複数回にわたって試験発射が行われた。原子炉の運用と再処理能力から判断すると、一〇発の核兵器を製造するには十分のプルトニウムを北朝鮮はもっている。二〇〇七年から二〇一四年の中断を経て、北朝鮮のプルトニウム製造は再開されている。二〇一三年には国内のウラン濃縮施設の床面積が倍増し、現在の貯蔵量にこの増床分が加わる可能性は十分にあるだろう。ジョエル・ウィット*やアメリカの専門家らは、二〇二〇年までに北朝鮮は二〇から一〇〇発の核兵器を保有すると考えている。(74)中国の専門家筋には、北朝鮮はすでに二〇発の核弾頭をもち、二〇一六年までにはさらに一〇発の核弾頭を製造していると考える者もいる。(75)

こうした見込みによって、安全保障に落差が生じている思いが醸成されている。だから勢力均衡を図るうえで核兵器は必要なのだ——韓国では現在そんな議論がさかんに交わされている。核兵器の数も重要だ。ミサイル防衛システムは飛来してくる小規模なミサイルには効果を発揮するだろう。先制攻撃を実施すれば核弾頭を搭載したミサイルも少数なら破壊できる。韓国は、通常弾頭のミサイルも

＊ジョーンズ・ホプキンス高等国際問題研究大学院米韓研究所上級研究員。

いわゆる〝キルチェーン〟システム[*]の一部として運用することで、いずれのアプローチも用いることを計画している。しかしながら、大量のミサイルに対してはこうした防衛では望みは薄い。

二〇〇九年五月、北朝鮮が二度目の核実験を行うと、韓国では複数の国会議員――その多くは当時の与党ハンナラ党（現在のセヌリ党）――が、北朝鮮の核の脅威に対する抑止力として、韓国もまた核兵器の保有を検討するよう政府に対して声をあげ始めた。二〇一六年一月六日、北朝鮮が四回目の核実験を行うと、セヌリ党の議会指導者はふたたび同じ要求を繰り返した。しかし、それにもかかわらず、このときの核実験に向けられた韓国の反応は総じて静かで慎重なもので、北朝鮮に対する制裁を求める声が高まったことを別にすれば、政府の方針について大きな変更を求めるものでもなければ、激しい議論の応酬に燃え上がることもなかった。

北が備蓄した核と均衡を図ることは、核抑止力として機能するだけでなく、韓国の交渉力を高めることにもなると核保有の支持者らは主張する。鄭夢準がいうように「核による反撃能力という脅威こそ、韓国に対する北の認識を変える唯一の方法なのだろう」[76]。また、鄭をはじめとする支持者らは、韓国の核兵器プログラムは対中国にも効果があり、中国がピョンヤンに対して非核化の交渉に応じるよう圧力をかける理由になると主張する。「韓国が核兵器を独自に開発すると示唆することは、交渉上の策略だ。その目的は韓国が核兵器を保有するということではない。鄭の狙いはほかの国――中国とアメリカ――の注意を（北朝鮮の）核プログラムに向けさせ、なんらかの手を打たせる点にある」。鄭夢準の仲間の一人はそう説明した[77]。

このアプローチの欠点は、いかなる状況においても中国には、北朝鮮の体制に亀裂をもたらしかねない圧力をかける意思はない点にあるようだ。非公式の交渉においてさえ、中国側の出席者は北朝鮮の崩壊を招くような連携について語るのを拒んでいる。それは発言したという事実がその予言の実現をもたらし、中国との国境でトラブルを引き起こしてはならないからである。

韓国の核保有支持者のなかには、自国が目に見える形で核兵器開発の道へと踏み出せば、ワシントンやモスクワにも圧力がかかり、北朝鮮に対し、核から手を引くようこれまで以上の説得を試みるようになると強弁する者もいる。(78) こうしたアプローチは、政治学で〝道具主義者《インストルメンタリスト》〟の核オプション使用として知られるもので、おそらく一九七〇年代後半に韓国が核兵器研究にふたたび着手した際、朴正煕によって講じられていた方策である。(79) 二〇一四年五月十八日、朴槿恵大統領がウォールストリート・ジャーナルのインタビューに答えた「北朝鮮が四回目の核実験を強行した場合、北東アジアにおいて〝核ドミノ〟を引き起こす火種になる」(80) というコメントにもこれと通じる意図が読みとれるかもしれない。伝えられるところによれば、その前月に行われた中国の習近平主席との電話会談の際にも、朴槿恵による同様な発言があったという。(81) 朴の核兵器開発競争に向けた言及は、北京に対してはこれ以上ない直球だが、ワシントンへの戦略的な通知《リマンダー》でもあったのだ。

北朝鮮の核開発プログラムがジョエル・ウィットの予測する最悪のシナリオ通りに進行して、劇的に拡大したなら、その脅威が核開発に向けて韓国を後押ししていく可能性は軽視できないものになっ

＊　キルチェーンは攻撃の構造に関する概念で、韓国の場合、ミサイル発射兆候の探知・識別、攻撃の決定、攻撃まで、即時に対応できるシステムをいう。

てくる。北朝鮮の軍事的脅威にあまりにも長年にわたって直面してきた韓国では、おおかたの国民がこの事態を当たり前のものとして受け入れてきた。ソウルの場合、何百という数の北朝鮮の長距離砲の射程内におさまっている。しかし、北の核の突出ぶり――備蓄量からして、量と質のいずれの点においても――が目に見えて悪化したり、あるいは北が新種の核兵器やミサイルの再突入体の実験にみごと成功したりした場合、この国の一般国民が抱く脅威の感覚は一変してしまうことになるだろう。

アメリカの拡大抑止は本当に確かなのか

アメリカの拡大抑止へ信頼性に疑いが向けられないかぎり、北朝鮮と韓国の核の不均衡が問題になることはないだろう。韓国の国民はほぼ例外なくアメリカとの同盟関係に信頼を寄せている。峨山政策研究院が二〇一四年三月に実施した調査では、同盟を支持すると答えたのは九三パーセントで、ほぼ一貫して高い数値を示していた[82]。かつて左翼陣営ではごく当たり前だった反米気運はほとんど息をひそめた。

一例をあげれば、二〇一四年秋、訪韓したアジア研究が専門のアメリカ人の一行は、同盟関係の現状について変わらぬ賞賛を耳にした。このときの出張報告書では、「協力ぶりは関係するあらゆるレベルで揺るぎなく、コミュニケーションのチャンネルはさまざまでしかも活発であり、米韓の協力関係はこれ以上ないほど良好だと双方の同盟担当官の見解も一致している」[83]。その姿勢はたかだか一〇年ほど前、外交政策が専門のジョナサン・ポラックとミッチェル・レイスの二人が「同盟は極度の緊張にさらされている」と評価したころに比べれば、著しい変化を遂げつつある[84]。

在韓米軍の駐留はアメリカのコミットメントの明確な現れで、二〇〇六年以来、兵員約二万八五〇〇名という規模が維持されている。一九七〇年代に比べ、米駐留軍が撤退する可能性に向けられた懸念も現在ははるかに減った。とはいうものの、アメリカに見放されることへの恐れは、たとえば日本などに比べると韓国の場合ではさらに根深い。[85] その不安とは「アメリカはソウルを救うために、ロサンゼルスを犠牲にする用意はあるのだろうか」というものだ。[86] 一九五〇年代後半、フランスのド・ゴール大統領は、パリのためにアメリカはニューヨークを差し出す意思はあるかというデカップリング*をめぐる問いを発した。これはその韓国版に相当するものなのである。

いまのところ北朝鮮にはアメリカの都市を直撃できる核装備したミサイルはおそらく存在しないようだが、一方で道路移動型の大陸間弾道ミサイル（ICBM）KN－08や潜水艦発射式の弾道ミサイルの開発を通じてこの能力の確立に必死だ。二〇一五年四月、北アメリカ航空宇宙防衛司令部の代表は、「アメリカの情報機関は、北朝鮮が小型化した核兵器をKN－08に搭載、これを合衆国に向けて発射できる能力を有すると考えている[87]」と発表した。この評価は最悪の事態に備えた深慮に基づくものだ。なぜなら、KN－08の発射実験はいまだ実施されておらず、その能力も明らかではないからだ。北朝鮮は推定射程四〇〇〇キロメートルの道路移動型ミサイル、ムスダンを開発中で、こちらも発射実験はまだ行われていないものの、グアムをその射程範囲に抑えている。**

＊　アメリカの対外関与が低まって、同盟国への防衛上のコミットメントが低下すること。

＊＊　本書（原書）の刊行後に北朝鮮は発射実験を実施、六月二十二日の発射で実験に成功した。本書5ページの日本語版序文を参照。

北朝鮮が実用可能なＩＣＢＭを保有した事実を立証すれば、〝ド・ゴールの問い〟は新たな重みを帯びてくるだろう。しかし、北朝鮮がＩＣＢＭを保有する可能性に対し、アメリカが効果的なミサイル防衛を用意できれば、むしろデカップリングをめぐる懸念は払拭される。これらは終末高高度防衛（ＴＨＡＡＤ）ミサイルシステムの韓国配備をめぐる論議で言及されている要素だが、韓国は、このシステム導入に中国が強く反発していることから慎重になっている。この間、北朝鮮の能力についてはは大げさに語られるべきではないし、ミサイルの再突入体も含め、実験に成功したミサイルシステムが北朝鮮に不在のうちはなおさらだ。*

ピョンヤンが核兵器を半島内で維持し、国外の使い手、たとえばイランやテロ集団に対して関連技術や物質を援助しないなら、アメリカは北朝鮮が核武装した状況を容認する用意があるのではないか――韓国人のなかにはそうした兆候を読みとろうとする者がいる。アメリカ政府としては、韓国政府同様、核武装した北朝鮮の現況を容認する考えはなく、この国に対してはあくまでも非核化を説いていくつもりだ。だが、この方針になんらかの変更が生じたら、見捨てられるという韓国の恐怖は増幅していく。

これらは唯一の要因でないにせよ、米韓同盟の健全性と信頼性には、核へと傾きがちな韓国の性向が関係している[88]。原子力政策アナリストのジョン・パクは、世論調査にうかがえる核兵器開発に対する高い支持率について指摘し、「この世論にはアメリカの拡大抑止は本当に確かなのか、その信頼性に向けられた疑いが反映しているにちがいない」と示唆している[89]。韓国の安全保障が危機に瀕したとき、ワシントンは核を使用するのかどうか、それを不安視する人間が韓国には存在するのだ。穴が空いた核の傘のイメージをかき立てる者もいる。しかし、朝鮮半島で核戦争が起こることを望む者はいないし、アメリカの拡大抑止には強力な通常兵器も含まれているのは韓国にもよくわかっている。

そして、それ以上に根強い論争は、北朝鮮の核プログラムや禍々しい脅しを制止するうえで、拡大抑止は役に立つのかどうかが立証されていない点である。「拡大抑止は核兵器を抑止するが、核による脅迫は阻止できない[90]」と主張するのは保守系研究者の金泰宇だ。北朝鮮による通常の小規模な挑発行為をアメリカの抑止力は阻めなかったが、それはこの抑止力が目的とするものではないからだ。みずからの手で核兵器プログラムに対処したいというこの国の願望の裏にあるのが、アメリカが頼りないという意識なのだ。

しかし、外交や防衛、経済の分野でアメリカが示したいくつかの動きは韓国を安堵させるものであり、この国の国民はアジアに向けたオバマ大統領の「再均衡政策《リバランス》」を同盟に対する継続的な取り組みの証拠だとして歓迎していた[91]。安全保障をめぐる対話はさまざまなレベルで強化が図られてきた。二〇〇九年の首脳会議でオバマと李明博大統領が採択した「同盟の共同ビジョン」に記された「核の傘を含む拡張抑制に対するアメリカの継続的な履行」というくだりは、韓国側の要求を納得させる手段として加えられていた。

核の傘については、米韓安保協議会議でも折に触れて言及されている。二〇一一年から米韓両国の

＊　二〇一六年七月十三日、韓国国防省は二〇一七年末までに配備される米軍の終末高高度防衛ミサイルシステムについて、展開する地域が慶尚北道星州郡に決まったと発表した。

外務と国防担当の大臣や長官が集まり、これまでに三回の「2＋2《ツープラスツー》」閣僚会合が開催されてきた。実務レベルでは二〇一一年、防衛戦略を調整するために韓米統合国防協議体が設立、また二〇一〇年には北朝鮮の脅威に対する米韓の対応を協議する省庁間の拡大抑止政策委員会が設置された。委員会では、政策論議に加え、北朝鮮が核使用したシミュレーションを含む机上訓練や核戦力をもつ基地を訪問したりしている。[92] 二〇一五年、抑止は両同盟国が進める双方の試みだという理念を伝える目的で、委員会は「抑止戦略委員会」と名称を変えた。

二〇一二年三月、米韓自由貿易協定の発効で、経済面における両国の関係強化が図られた。軍事的な結びつきも目に見えて深まった。二〇一三年三月、アメリカの都市に対して核攻撃を実施するというこれ見よがしの脅しを北朝鮮がかけてくると、ペンタゴンはB－52戦略爆撃機、B－2ステルス戦闘爆撃機からなる訓練任務を韓国領空で行うとあえて公表、B－52、B－2はともに核兵器の搭載が可能だ。両機の目的は北に対する警告と抑止であると同時に、アメリカの決意を示して韓国を納得させる点にあった。二〇一二年、ミサイルの射程を八〇〇キロメートルに拡大したいという韓国の計画をアメリカが承認した一件も、韓国の安全保障上の懸念をワシントンはわきまえていると念押しする手段にほかならなかったのである。

韓国の防衛を援助するアメリカの能力に関しては疑う余地はない。B－52、B－2などの爆撃機のほか、潜水艦発射あるいは地上発射ミサイルによって北朝鮮のいかなる目標も数分のうちに壊滅してしまうだろう。そして、対北朝鮮の軍事作戦の遂行では、大半の場合で通常の精密打撃兵器とバンカーバスターも使うことが可能だ。正しい戦争の〝正当性〟の標準、そして核兵器の使用に対する長年のタブーという点を考えれば、抑止力の点では通常兵器の信頼性が高まっている。

日本が核武装するなら韓国も！

日本が核をもてば、自分たちにも核は必要だ――大半の韓国人はそう考えている[93]。歴史をめぐる強い憎悪を理由に、韓国人（そして中国人）は激しい疑いを日本に対して抱いており、総理大臣の安倍晋三は自国を再軍備の道へと向かわせていくのはまちがいないと考える。日本が保有しているウラン濃縮と再処理能力、進んだ航空宇宙技術をもってすれば、この国は即座に核武装が可能で、日本がこの道へと踏み出していくのは単なる時間の問題だと彼らは信じて疑わない[94]。

機微技術をめぐり、アメリカは日本には認める一方で、自国には認めない事実を韓国は不公平と受け止め、深い憤りを抱いている。これについてはすでに触れた。韓国の元閣僚だった人物の話では、韓国人が核兵器の必要を口にするとき、脅威として心に描いているのは北朝鮮と同時に日本にほかならないという[95]。こんな見方をするのは、ひとつには経済力に根差している。戦略兵器を除けば、北朝鮮よりどの分野でもはるかに優れていると考える韓国は、日本こそ筆頭のライバルであると見なしている[96]。

感情的なナショナリズムもこの見方には作用している。原子爆弾の支持者について、元大統領府外交安保首席の千英宇は皮肉交じりに次のように評した。「日本が核武装すれば、われわれもそうすべきだ。日本が毒を手にしたなら、われわれもまた毒を手にしなくてはならない[97]」。韓国の当局者も自身の嫌悪感を隠そうともしない。二〇一四年、韓国のある高官が次のような発言を口にしていたという。「中国がどれだけ核兵器を保有しようが気にはしないし、あるいは北朝鮮がさらに（核爆弾を）製造したとしても韓国はまったく気にしない――ただし、それは日本が核保有国にならないかぎりだ[98]」。

ネガティブな姿勢はいまも悪化しつつある。最近実施された世論調査では、韓国人の七〇パーセントが日本に対して好ましからぬ見方を抱いていた。嫌悪どころか、脅威を覚えているといったほうがむしろふさわしくなりつつある。二〇一四年の調査では、この国の四六パーセントが日本は軍事的脅威であると感じ、四一パーセントが韓国はいずれ日本との武力衝突に巻き込まれると考えていた[99]。韓国の核開発推進の根底には、こうした万が一に備える必要性を踏まえた意識が横たわっている。

かりにとはいえ核兵器を日本が保有したとすれば、狙いは核武装した敵国に向けられ、韓国ではないはずだ。しかし、韓国の人間はこうした兵器を脅威ととらえる。だが、まったくの理不尽な見方だとはいえない。考え方なら変えられもするが、地形だけは変えようがないからである。万が一にでも日本が核武装し、アメリカが北東アジアから撤退することにでもなれば、この地域で唯一の非核保有国のまま取り残されるつもりは韓国にはまったくあるまい。

ただ、東アジア情勢の専門家であるアメリカのスコット・シュナイダーがいうように、韓国－日本の関係が友好的な状態で保たれ、日本が非核政策を放棄しないかぎり、後景に抱えている反感や憎悪を引き金に、韓国が核武装に駆り立てられていくことはないだろう[100]。さらにいうなら、反日という考えもまた不変なものではない。二〇一四年、峨山政策研究院が行った調査によると、日韓首脳会談と世論の反対を理由に遅れていた北朝鮮問題をめぐる韓日の情報共有に関し、低水準の合意に署名することをこの国の国民は支持していた。中国の台頭がこのまま続くなら、過半数の人間が――六四パーセント――安全保障上の日本との協力は必要になると答えていた。[101]二〇一四年十二月、韓国、日本、アメリカは、北朝鮮に関する三者間情報共有取り決めに署名、アメリカが日韓の仲介役を務めていた。

今日、韓国は以前ほど中国への恐れを抱いてはいない。それどころか、この二〇年で韓国‐中国の関係は著しく友好的になった。朝鮮戦争の宿敵だったころと一変して、中国はいまや韓国最大の貿易相手国であり、観光客の供給国なのである。朴槿恵政権のもとで両国の友好関係は深められてきた。やはり二〇一四年に実施された峨山政策研究院の調査では、中国に対するこの国の国民的支持はかつてないほど高いレベルに達していた。とはいえ、このときの調査では「外見の真下に中国への警戒心を宿している」ことも明らかにしていた。

中国が軍事力や経済力などのいわゆるハードパワーを高めていくことについて、韓国が間接的な脅威だと見なしているのは、それを理由に地域の危険が高まっていくからである。済州島の南にある暗礁、ソトコラ岩（韓国名「離於島」・中国名「蘇岩礁」）の領有をめぐって二〇〇六年、韓国と中国とのあいだで論争が火を噴いたが、いまだに決着はついていない。

中国の北朝鮮に対する方針にも韓国としては不満を募らせている。中国は北朝鮮の挑発を押しとどめようとせず、中国は南北の統一を支持していないと韓国側では見ている。[102]二〇一〇年に北朝鮮が引き起こした危険きわまりない挑発行為[*]を中国が〝大目に見た〟ことは、北朝鮮の行動をさらに勢いづかせたと受け止められた。韓国は北京へのメッセージとして核保有に踏み切るべきではないのか、中

＊　延坪島砲撃事件のこと。

国へのいら立ちはそうした社会通念さえ助長している。

朴正熙が進めた核兵器追求ではナショナリズムは二の次だったが、重要な要因をなしていた。朴正熙にとって原子爆弾は、自治と自立のシンボルを意味していた。[103]今日においてもその思いは動機として残っている。韓国のあるシンクタンクのトップが語るように、「核兵器に向けられた国民の願いに込められた事情とは、われわれはみずからの脚で立ち上がり、鯨に囲まれたエビである状態から脱しなくてはならない[104]」のである。

南北が統一するとき北の核はどうなる?

核ドミノの危険性を秘めていると想定される他の国々のなかでも、韓国の立場がユニークであるのは、北朝鮮との統一が実現したあかつきにはその核を引き継ぐかもしれないという点にある。韓国の指導者は、統一された朝鮮半島は核から自由になれるとこれまで力説してきた。[105]北の核兵器は解体され、核拡散防止条約(NPT)の非核兵器国としての韓国の立場は統一後の国家でも保持されることになる。明確な指針としてこの点が示されなければ、周辺国や西側同盟国は南北の統一に確実に異を唱えてくる。

だが、南北統一の情勢は予断を許さない。手続きを踏んだプロセスのもとなら兵器の解体は注意深く進められ、国際的な検証にも手抜かりはないものの、北の政権が突然崩壊した場合、核がブラックマーケットに流出したり、あるいは好戦的な軍事政権の手に渡ったりする前に、いち早く核兵器の確保に動く必要がある。そうでなければ、核兵器は残らず破壊されたかどうかについて疑念を残してしまうことになりかねない。数発の核兵器はこのまま保持したいという強烈な誘惑にさらされるかもしれない。「戦略的に自立しうる能力を通じて、自国の優位性を追求したり、あるいは継続を図ろうとしたりする衝動に対して、南北統一国家は抗しきれないかもしれない」と、前出のジョナサン・ポラックとミッチェル・レイスは指摘する[106]。

国際監視団が見守るなかで、核兵器、核分裂性物質、製造施設がひとつ残らず解体されたにせよ、おそらく南北統一国家は兵器関連の専門家、つまり開発プログラムにかかわった科学者や技術者は手元にとどめておくはずだ。そのため、こうした専門家をそれにふさわしい民間の職業に振り向ける取り組みが欠かせないが、それはソ連崩壊後、大量破壊兵器の拡散を防ぐために設立された国際科学技術センターとよく似た機関になるだろう。

南北統一国家の出現で、アメリカ－韓国の同盟関係は二つの理由で終わりを迎えるかもしれない。自国の東側国境にアメリカの同盟国が存在するなど、中国にはとうてい容認できるはずはなく、在韓米軍は本来の任務の喪失、つまり北朝鮮に対する防衛の提供という任務がなくなる。そして、ワシントンとの同盟関係がなくなれば、将来の韓国の指導者は核兵器をそれにかかわる保険証書と見なすようになるのかもしれない。その一方で核兵器を開発できる可能性を保持することは、対中、対米関係を危険にさらすと同時に、日本との軍拡競争へと駆り立てることにもなりかねない。

このときナショナリズムは決定的な要因になるのだろう。核開発の実績に対する国の威信は三八度線をはさんだ双方の国から伝わる。一九九一年刊行の『ムクゲノ花ガ咲キマシタ』は評判を呼んだ超国家主義的な小説で、本書に登場する朴正熙時代の韓国の科学者は北朝鮮の核兵器開発にひそかに手を貸す。南北両国はこの核兵器を配備して日本の侵略を撃退するという物語だ。[107] こうした奔放な空想は大衆文化に限られるものではない。この国の左翼系知識人は、ネオナショナリズムの言葉を使って南北統一を論じていたことで知られ、統一後の半島はアメリカの庇護から脱するとともに核武装を遂げていると語っていた。[108]

それでいながら、韓国の安全保障の世界では、アメリカとの同盟は統一後も続くものだと広く信じられている。周囲を強国に囲まれたこの国の歴史的経験を踏まえれば、力のある域外国との同盟は依然として必要なのは大方の韓国人にもわかっている。同時にこの同盟関係と自国の核兵器装備が両立しがたいことも十分に承知されているのだ。

核保有で「制裁」の引き金がひかれる

世論調査には核兵器開発に対する国民の高いレベルの支持が反映しているものの、国家として韓国が核兵器開発の道に歩み出す野心を抱いているというわけではない。核拡散防止に対するこの国の政府の方針に揺るぎはない。この方針から逸脱しても得られる恩恵はとるに足りず、経済面や安全保障ではなはだしい代償を強いられるのが政府当局にはわかっている。自国の安全保障を高める戦略でありながら、真逆の結果をもたらすことになってしまうのだ。なかにはもっともらしいシナリオもいくつかあるが、大半は妥当性に欠け、とりわけ韓国の民主制度と報道の自由のもとではなおさらだ。以上の点を考えると、当面のあいだ、韓国が核兵器の追求に手を出すことは皆無に等しい。

核兵器の研究は、現在この国の電力の二九パーセントを供給する原子力開発プログラムを破綻させることになりかねない。二国間原子力協定の条文にしたがい、アメリカ、フランス、その他の国からの国内原子炉向けのウラン燃料の供給が打ち切られる。燃料加工、原子力研究、医療用アイソトープの生産、その他の核科学の研究を行う核施設が残らず影響を被り、数千億ドル規模の損失に見舞われるだろう。[109]アラブ首長国連邦（ＵＡＥ）向けにアメリカが設計した原子力発電プラント四基を韓国が施工・運営をする契約も危機に直面、原子力技術の輸出国として主導的な地位を得るというこの国の大望は遠のいていく。

民生部門の原子力エネルギー産業はともかく、この国の貿易が被る影響は数字に表せるようなものではない。韓国が核兵器の開発に乗り出すなら、まず、核拡散防止条約の第一〇条にある「異常な事態が自国の至高な利益を危うくしていると認め」たことを理由に、この国が条約から撤退する権利を行使したあとになる。その後は、いたるところに及ぶ制裁の引き金を必然的に引くことになるどのような国際条約についても、韓国は決して抵触してはならない。

貿易相手国はありとあらゆる経済制裁を課そうとしてくるだろうし、おそらくそれは一九九八年の核実験後にインドとパキスタンに向けられた制裁と同程度のものになる。このときの制裁ではアメリカは国内法にしたがい、人道支援以外の援助、武器輸出、信用保証の停止を定めるとともに、国際金融機関による貸し出しにも反対した。日本では新規の資金協力と円借款が凍結され、このほかにも数カ国が支援の停止や与信枠の制限を実施している。

ただ、アメリカの経済制裁の多くは、数カ月で引き揚げられ、さらにほとんどが三年で解除されてきた。[110]しかし、見落としてはならないのは、韓国経済は貿易に依存しており、それは当時のインド経済の比ではなく、制裁に対してははるかにもろいということだ。一例をあげるなら、二〇一一年から二〇一三年にかけ、韓国の国民総所得に占める輸出入額は一〇〇パーセントを超え、G20の参加国ではトップだった。それだけに貿易や金融、投資への制限を受けることは、制裁の規模が一部分にとどまるものであっても、経済に与える影響は相当なものになる。一九七〇年代の時点でさえ、韓国の核兵器研究が露見すると、朴正熙は韓国経済へのダメージを懸念、それを主な理由にして朴は核開発を断念した[111]。

経済への悪影響さえうわまわる深刻なダメージは、国の安全保障へのネガティブな波及だ。朴正熙の核兵器プログラムがそうだったように、今日においても核保有への決断は、この国の安全保障の基盤をなす同盟関係への脅威と化す。確約する抑止力をアメリカがかならず引き揚げるとは断言できないにしても[112]、この国の安全保障の立案者は、慎重のうえにも慎重を期して最悪の事態を想定しなくてはなるまい。つまり、将来のアメリカ政権は、一九七〇年代にキッシンジャーが行ったのとまさに同様な対応で応じてくるかもしれないのだ。

核保有を主張する韓国人には、アメリカの反対は〝敵対国〟の核兵器保有に限られると主張する者がいるが、それはまちがっている[113]。独自の核戦力の開発に対し、ワシントンにはいま一度反対すべき十分な理由があるのだ。こうした核戦力によって核不拡散体制が均衡を失えば、アメリカ自身が核戦争に巻き込まれてしまうかもしれない。韓国の政治学者、文正仁は「政治的にも軍事的にもアメリカの指揮統制からはずれた韓国が核兵器を使用すれば、アメリカの最高指揮官は半島有事の際に自国の軍隊を危険にさらすことはしない[114]」と主張する。かりに破綻は免れたにせよ、厳しい緊張のもとに同盟は置かれることになるだろう。

核兵器開発にふたたび取り組んだ韓国は、標的に到達可能な兵器を製造し、それが配備されるまでの期間、むしろきわめて攻撃を受けやすい状態に陥る。この国の開かれた政治システム、手に負えないマスコミ、奔放なまでの議会の存在を踏まえれば、秘密裡に核兵器プログラムを進めるなどほとんど不可能に等しい。透明性とはおおよそ無縁の朴正煕の権威主義政権のもとでさえ、アメリカの執拗な探索の目からプログラムの秘密を隠しおおせはしなかった。

現代のように活発で、容赦のない民主主義においては、議会が見過ごしたり、このプログラムに必要な承認を与えて予算をつけたりするには、機密の暴露で名うての韓国の立法府に対して計画をつまびらかにする責任がともなう。また、国際原子力機関（ＩＡＥＡ）は追加議定書に基づいてさかんに検認作業を行っており、その目を逃れて核開発を進めるなどおいそれとできることではないだろう[115]。実のところ、自国の核開発プログラムを唱える韓国人の大半は、むしろこうした取り組みが衆知されるのが狙いだと明らかにしており、それによって中国やほかの関係国に外交上のプレッシャーをかけようとしている。

ただ、プログラムの存在が明らかになったあとも韓国が開発を貫き通すなら、北朝鮮はこれを敵対行動と見なし、おそらくアメリカの防衛上の義務がもはや適用されなくなった時点で先制攻撃をしかける誘惑にかられるだろう。そんな最悪のシナリオにいたらないまでも、北朝鮮としては韓国の動きを自国の兵器プログラムを増強させる根拠として言い張ってくるはずだ。北朝鮮の装備は、朴正煕が七〇年代に進めた核兵器追求に応じて増強されてきている[116]。

核兵器を保有することで北朝鮮に圧力をかけ、その核開発プログラムを中止するように交渉する考えは一か八かの賭けを含んでいる。北朝鮮の非核化はいまよりもさらに厄介になる公算が高まっていくだろう。そして、韓国が核兵器を手にしたとか、あるいはかつて交渉が失敗に終わったアメリカの戦術核のホスト国にふたたびなった場合、この国は大敗を喫する以外に、どのような条件のもとで自国の核放棄を明らかにすることができるのだろうか。朝鮮半島には終わりなき核の手詰まりだけが残されることになる。

北朝鮮のほかにも、韓国の核武装を不安視する十分な理由をもちあわせている近隣国が存在する。ロシアと中国が韓国の兵器施設を攻撃目標に定めるのはいうまでもない[117]。日本は周辺地域で唯一の非核国となり、この国がもつ装備のオプションに関して再考を迫られることにでもなれば、核兵器開発の点では韓国に大きく水をあけて製造に着手することが可能だ。外交政策を研究する催剛と朴埈成の二人も「韓国の視点に立つなら、核のドミノゲームは〝勝ち目〟のある勝負ではない[118]」と記している。早い話、韓国が核をもてば、朝鮮半島とその周辺では緊張と危険はいやましに高まっていく。その結果、資本は引き揚げられ、投資は見送られる。株式市場が落ち込めば、それによる経済的な影響は制裁によって被る直接的な影響よりもさらに深刻になる。

また、アメリカの戦術核が韓国に再配備されるような状況を想定するのも至難の業だ。アメリカの政府当局者、そして民間人も軍隊もまさにそれを理由にこの考えには断固反対するだろう。再配備の実行には核兵器の格納庫が必要で、強度を備えた掩蔽壕《えんぺいごう》と保全のための特別部隊がともなうが、すでに伸びきったアメリカの軍事予算に新たな負担を強いることになる。この基地に貯蔵されているシステムは、北朝鮮の先制攻撃の標的となる可能性を帯びており、おそらく攻撃にはコマンド部隊もかかわってくるだろう。テロリストに占拠されるという懸念もある。

兵器そのものが必要ではないのだ。通常兵器、あるいは潜水艦発射、地上発射ミサイル、長距離爆撃機から発射されるアメリカの戦略核兵器では不可能な軍事的用途も、このような戦術核には皆無なのだ。ヨーロッパに配備されているアメリカの戦術核がそうであるように、韓国に置かれた核も単なるシンボリックなものにすぎない。しかし、そのシンボルは両刃の剣だ。中国とロシアには挑発行為と映り、北朝鮮には海外からの共感が集まるかもしれない。韓国国内では、再配備を契機に反米抗議が再燃し、意見をめぐって国はふたたび割れ始め、両国の関係は損なわれていく。一九九一年に米軍が撤退する以前、米軍の退去はこの国の民主化運動において主要な争点となっていた。こうした経緯があるので、韓国当局は核の再配備の要求を控えてきたのである。

核保有の代償として、ほかにもこの国の国際的なイメージと世界市民の先導国としての評価が損なわれていく。インドの核実験でもさかんにいわれたように、国の威信もまた核兵器を保有したいという動機になりうる。そして韓国の場合、国の威信に対する思いは、日本と同様の機微技術を有したいという願望になって現れている。とはいうものの、韓国はすでに国際的に高いレベルの尊敬を享受している。この国は世界第一三位の経済大国で、競争力に富んだ先端技術をもつ産業分野を抱え、そのポップカルチャーは世界中によく知られている。国際連合と世界銀行は現在、この国の人間に率いられ、また二〇一二年開催の核セキュリティ・サミットといった主要会合のホスト国も務めてきた。

それだけに核兵器プログラムを起ち上げることは、この国が参加する核拡散防止条約への違反となり、主要同盟国とグローバル・パートナーから寄せられた強い期待に背くものであり、中堅国《ミドルパワー》の筆頭というこの国の現状をないがしろにする。核保有した韓国が〝ならず者国家〟と見なされることはないにせよ、その方向に向かって急な坂をころがり落ちていくようなものである。北朝鮮に対しては道義上の正当性を失い、ピョンヤンに対する国際的な制裁を維持するのは困難になっていく。(119) 南北の統一をめぐる大義は大きく損なわれ、朝鮮半島における孤立は一気にエスカレートしていくことになるだろう。

「核ドミノ」は本当に起こるのか

韓国の核保有は、経済面でも安全保障の点でも無謀であるばかりか、同時に真逆の結果をもたらす不必要なものにほかならない。また、アメリカの核をふたたびもちこむのも賢明ではない。アメリカの安全保障の確約が信頼できる限り、韓国の地において現状を維持することにまさるものはなく、核兵器（自前の開発にせよ、そうでないにせよ）を配備してもその目的には役立たない。日本がそうであるように、アメリカの拡大抑止こそ、韓国が核兵器を保有せずに済むことを担保する鍵なのだ。幸いなことに、本書を執筆している現在、米韓同盟はこれ以上ないほどの健全な状態を保っている。

二〇〇六年、北朝鮮が初の核実験を実行するまで、かりにピョンヤンが核兵器を保有すれば韓国もまた同様な措置を講じざるをえなくなると、何度となくそう分析されてきた。以来、北朝鮮の核実験は一〇年続いてきたが、核の脅威や通常兵器による挑発に直面してもそんな行動は引き起こされなかった。自前の核兵器開発を支持する韓国の風潮は、ピョンヤンが実験に踏み切る前からすでに存在してきた。いずれにせよ、世論とは厄介なもので、韓国政府の方針は世論とは一致しておらず、こちらは賛否両論をさらに念入りに分析したものに基づいている。同時に、南北の統一で核兵器は朝鮮半島からほぼ確実に排除されていくだろう。

韓国を核保有へと駆り立てる公算がもっとも高い例のシナリオ、つまり韓国の核武装で日本も核兵器の開発に邁進するという考えは、核のドミノ倒しをめぐり、さらに侃々諤々たる論議を引き起こすことになる。ただ、第2章で説明する理由からも、こうした進展にいたることはまずなさそうだ――ただし、この結論もアメリカの拡大抑止が信頼できるかどうか、ひとえにその点にかかっている。

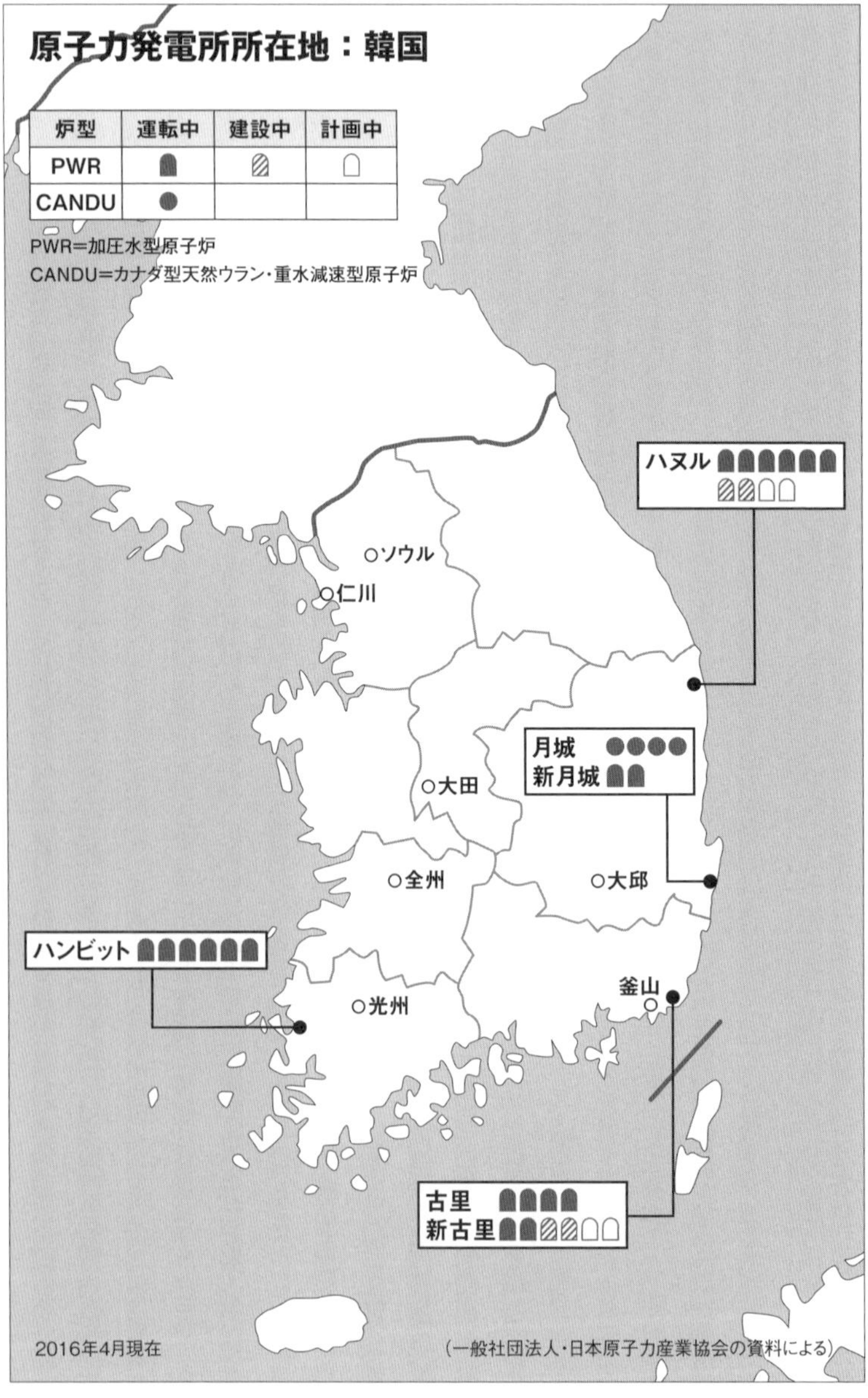
原子力発電所所在地：韓国
炉型
運転中
建設中
計画中
PWR
CANDU
PWR＝加圧水型原子炉
CANDU＝カナダ型天然ウラン・重水減速型原子炉
ハヌル
ソウル
仁川
月城
新月城
大田
全州
大邱
ハンビット
釜山
光州
古里
新古里
2016年4月現在
（一般社団法人・日本原子力産業協会の資料による）

第2章

日本

過去半世紀の大半を通じ、日本は核拡散の有力候補であると見なされ続けた。核を保有するだけの手段がこの国にはあり、そうするだけの動機が日本にはあった。先端的な原子力技術は高度に発達した日本の産業基盤の特徴で、その技術にはウラン濃縮と使用済み核燃料の再処理によるプルトニウム抽出が含まれている。そればかりか日本の場合、最初にソ連、次いで中国、現在は北朝鮮というように核保有国とのあいだで面倒な国際関係を抱え込んできた。

とはいえこの五〇年、日本では核保有に対する抑制が核拡散へと向かう動機をうわまわってきた。広島と長崎を踏まえれば、核兵器への嫌悪はいまもこの国の市民や研究者のコミュニティーに根強く、法律と実践によって現在でも強化されている。核を選択していたら、通商や外交、国家安全保障の点で法外な代償を支払うことになっていただろう。これまでどの政権も核問題を調査してきたが、そのたびに同じ結論に達していた。つまり、日本の最終的な安全保障は、自前で核抑止力を追い求めるより、アメリカとの同盟に頼ったほうが賢い選択なのだ。

しかし、そのあいだも日本は核ヘッジングもどきの戦略を採用してきた。周辺状況が万一急激に悪化した場合、ただちに核兵器プログラムに取りかかれる。だが、日本が核兵器の開発を絶対に行わないのは、この国の安全保障はアメリカが拡大抑止を履行するという信頼性に全面的に依存しているからである。そして、拡大抑止への依存が衰えていく兆しはまったくうかがえない。

岸信介、池田勇人、佐藤栄作

第二次世界大戦中、日本では帝国陸軍と帝国海軍によって並行して核兵器の開発プログラムが進められていた。陸軍の「二号研究」はガス拡散法によるウラン濃縮に基づき、海軍の「F研究」はガス遠心分離濃縮技術に着目したものだった。いずれの計画も、物資の欠乏と政府の優先事項との争いに阻まれ、進展は陸海軍ともに実験室段階を超えるものではなかったとはいえ、この国の研究者たちは、核分裂反応の方法と一発の原子爆弾の製造にはどれだけのウランが必要なのかを確実に学んでいた(1)。

一〇年後、アメリカとフランスの後押しを受け、核兵器に向けられていた日本の関心がふたたび目覚める。一九五〇年代後半、アメリカの統合参謀本部は、北大西洋条約機構（NATO）の核兵器の共有《シェアリング》と同様の構想にしたがい、日本の自衛隊（JSDF）に核兵器《ニュークリア・》をもたせることを検討していた(2)。当時、総理大臣だった岸信介（在任一九五七～一九六〇年）は、日本が世界的な影響力を手にするには核兵器が必要だと考えていた(3)。一九六〇年代初頭に岸のあとを継いだ池田勇人も核兵器には関心があると表明している。

当時、アメリカの占領下にあった沖縄に核兵器がもちこまれたのは一九五四年十二月のことで、台湾海峡でアメリカと中国の危機が高まっている最中だった。一九六七年までに一二〇〇発の自由落下式の核爆弾が嘉手納空軍基地に配備されたが、一九七二年五月に沖縄が日本に返還される期限までには撤収されている。ペンタゴンはこうした核兵器の非核部品を日本国内のアメリカ軍基地に移転、最終的に完全なものにしたうえで当の基地に配備することを目論んでいた。[4] その間にも、日米安全保障条約の秘密条項（後述）のもと、米軍の爆撃機や軍艦は核を積んだまま日本を通過・帰港していた。

一九六四年十月、中国が核実験を実施すると、当時総理大臣だった佐藤栄作は駐日大使エドウィン・ライシャワーに対し、「中国共産党政権が核兵器を持つのであれば日本も持つべきと感じている」と述べていた。[5] しかし、その後行われたリンドン・ジョンソン大統領、ロバート・マクナマラ国防長官らとの会談から、核兵器に関する佐藤のこの言及は、これまで以上の抑止力をワシントンから引き出すのを目的にした外交上の駆け引きだったことがうかがえる――事実、この約束にしたがってアメリカの抑止力は強化された。[6]

五つの報告書の「同じ結論」

一九六〇年代後半から七〇年代初め、中国の核実験をきっかけに日本では国民的な議論が湧き起こる一方、一九六八年の核拡散防止条約（ＮＰＴ）をめぐり、国際的な交渉が繰り広げられていた。そのころ、日本における核兵器開発の是非について、政府の関連機関による少なくとも五つの報告書が書かれていた。そしていずれの報告書においても、日本が選びうる最善の選択は、アメリカの核抑止力への依存をこのまま継続することだという結論がくだされていた。

まず、一九六七年から六八年、学識経験者による政府自民党の安全保障調査会が開催されている。このときの報告書では、プルトニウムをベースにした爆弾は高濃縮ウラン（ＨＥＵ）を使った爆弾に比べて製造が容易で、東海村にあるこの国最初の原子炉を使えば国産の天然ウランから年間二〇発分の兵器級プルトニウムが生産でき、日本の企業や研究機関は作業に必要な爆弾製造技術を所有しているとしていた。ただし、莫大な製造費がかかるうえに、日本の外交関係に悪影響を与えることから、このコースに向かうことを報告書は強く反対していた。(7)

二番目の研究報告――一九六七年、内閣調査室（現在の内閣情報調査室）によって進められた二部からなる報告書で、完成したそれぞれの年度を冠して「一九六八年／一九七〇年研究報告書」*と呼ばれることもある――も「核兵器はもつことが可能で、むしろ容易である」としながらも、望ましいものではないという同様な結論で結ばれていた。

核抑止力の開発には巨額の予算が必要で、政治的な対立もあおられる。周辺地域では緊張を誘発し、外交的孤立を招く結果にもなるだろう。こうしたリスクのほかにも、地震活動が活発な列島で地下核実験を行う地質学上の危険も想定される。さらに日本の場合、比較的限られた地域に人口が集中している点を踏まえると、小型の核戦力を保有したにせよ、中国による核の先制攻撃に対する脆弱性は変えようがない。これこそまさに佐藤政権が調査研究に期待していた結論にほかならなかったのは、国内の核保有推進派に対する反論であると同時に、日本が核兵器の道へと踏み出すことを懸念する諸外国の不安を静めるうえで役に立ったからである。(8)

三番目に当たる一九六九年の研究報告は、防衛庁（ＪＤＡ）の施設等機関である防衛研究所による

＊　表題は『日本の核政策に関する基礎的研究』〈その一〉〈その二〉。

ものだが、やはり同様な結論で結ばれていた[9]。

「一九六八年／一九七〇年研究報告書」では、報告書の中心の提言を補完するため、核ヘッジング戦略も提唱されていた。そして、軍事と経済安全保障の両面において、日本が十分なレベルの核の独立を達成するうえで、この戦略は〝きわめて重大〟だと断言していた。そのため報告書の執筆者らは、アメリカ由来のウランへの依存を軽減するためにも、ガス拡散法によるウラン濃縮プラントの建造が必要だと提言していた[10]。

一九六九年の四番目の研究報告――外務省の外交政策企画委員会がまとめたもので公式性にはまさるが、方針声明ではなく「研究報告」と称された――も同様な結論で結ばれ、当面は、日本は非核武装のスタンスを維持しつつも、国際情勢によって保証されるなら、経済的にも技術的にも核兵器を製造できる潜在的能力をもち続けるべきだとしていた。原子力の民生利用と軍事利用の重複する部分を踏まえつつ議論は進められ、核拡散防止条約（ＮＰＴ）への署名は日本の核オプションを妨げるものではなく、むしろ核拡散防止条約そのものが一〇年しかもたないだろうと考えられた。この報告書は、一人の外務省当局者が記した次の発言に要約されるだろう。「そうすると、高速増殖炉等の面で、すぐに核武装できるポジションを持ちながら、平和利用を進めて行くということになるが、これは異議のないところだろうと思う[11]」。

五番目の公式研究は一九七〇年、当時の防衛庁長官中曽根康弘のもとで進められ、一九七二年に『防衛白書』としてまとめられた。ここでもまた核兵器開発は費用――防衛予算の四〇パーセントを五年にわたって使い果たす――と核実験サイトの不在を理由に現実的ではないとの判断がくだされていた。

〝防衛的〟核兵器の製造は国外から拒絶反応を招き、戦争を誘発する危険があると白書は結論づけていた。中曽根は日本の独自核武装という考えに引かれていたが、以降その考えを改めていくことになる。[12]

一九九〇年代を迎え、ふたたび政府による核兵器国産化を評価する研究が行われた。当時、冷戦は終了して、北朝鮮は核開発に乗り出し、中国では軍の近代化が図られるなど、日本の安全保障をとりまく環境は悪化していた。とくに広範な論議を呼んだのが防衛庁による研究報告書で、核オプションにともなうネガティブな影響を立証する意図で書かれていたようである。[13]そして、これに先立つ政府の研究と同じように、一九九五年の報告書もまた、核軍備競争に加わることは戦略的に賢明ではなく、費用も巨額であると結論づけていた。またこの報告書では、中国とは核兵器をともなう紛争が発生する可能性はないと予測されていた。興味深いのは北朝鮮の核武装化はアメリカに阻まれるだろうと判断していた点だ。のちに判明するようにこの判断はまちがっていた。[14]

核兵器製造の可能性に関する調査について、もっとも最近になって明るみに出たのは、二〇〇六年に書かれた「核兵器の国産可能性について」と題された研究である。政府高官の手になる調査で、日本は小型の核弾頭を製造可能な専門技術者と施設をもち、また国が進めるＭ‐ＶとＨ２‐Ａロケットは大陸間弾道ミサイル（ＩＣＢＭ）として使用可能な能力を備えるものの、試作品の開発までに少なくとも三～五年の期間と二〇〇〇～三〇〇〇億円（一七億五〇〇〇万～二五億ドル）の予算、それに加えて数百名もの専門家と技術者が必要だという結論で結ばれていた。

報告書はおそらく、日本の潜在的核保有能力に関し、その分析を説明する立場にありたいと願う官僚が、政府首脳陣も知らないまま作成したのではないだろうか——この研究の存在を明らかにした新聞記者はそのように推測している[15]。

ここで見逃してならないのは、政府による研究が実施されるたびに結論はいつも同じだという点である。つまり、アメリカの抑止力が当てにできる限り、この国の核保有は望ましくもなければ必要でもない。核兵器を正当化するような国際的な評価など絶対に得られない以上、そうでなければ日本の政府指導者が自国の非核路線について疑ってかかっていることになる。むしろ、これらの研究の目的は、その時々に応じ、新たな安全保障条約をめぐる状況に探りを入れる点にある。研究評価をそれとなくリークすることで、関係する近隣諸国や友好国に核不拡散に対する日本の姿勢には揺るぎないことを改めて伝えるとともに、その一方で、日本がもつ核の潜在能力をさりげなく相手に伝えていたのだ。アメリカに対し、拡大抑止へのコミットメントを改めて確認させるにはいつもながら効果はあった。そうしているあいだも、核ヘッジング戦略に関しては決して問いただされることはなく、時によってはあからさまに推奨さえされていた[16]。

非核三原則と核兵器をめぐる憲法解釈

核兵器が保有できないよう、日本ではさまざまな法的、政策的な制約が採用されてきた。一九五五年成立の「原子力基本法」では、原子力の研究、開発、利用は平和目的に限られると定められている。二〇一二年六月、この基本法に附則が加えられ、原子力エネルギーの安全保障を目的として「我が国の安全保障」なる文言が条文にはさみ込まれた。反対派はこの追加で原子力エネルギーが軍事目的に転用できるようになると批判した。[17] 政府とこの変更を進めた保守派の自民党（LDP）の立案者は変更が意図するところは――変更はこれという国会論議なしに進められた――対テロ対策を含む核セキュリティ*に関するものだと主張した。[18] かりにそうであるなら、ここでは誤った文言が使われていたようである。

意外な気がするが、法律上の制約ということでは、憲法によって核兵器が禁止されているわけではない。日本国憲法第九条は、「国権の発動たる戦争と、武力による威嚇又は武力の行使は、国際紛争を解決する手段として」放棄している。そして朝鮮戦争後、第九条第二項にある「陸海空軍その他の戦力は、これを保持しない」は、「自衛のための必要最小限度の実力」は保持できるものと解釈された。自衛隊の設立がこれによって可能になった。一九五七年、岸信介は、核兵器が「自衛のために必要最小限度の実力」の範囲にとどまるものであれば、この解釈に基づいて核兵器の保有は許されると答弁している。一九六五年、内閣法制局（CLB）は――内閣に置かれている行政機関で憲法解釈に関して事実上の権限をもつ――この解釈を追認している。五年後、防衛庁もこの解釈を方針にとりいれ、小型核兵器は自衛のために必要な最小限度の実力に含まれるとした。そして、この解釈は一九七八年と一九八二年の内閣のもとで内閣法制局によって、また二〇〇六年には安倍晋三総理によって繰り返されてきた。[19]

＊　核セキュリティとは「核物質、その他の放射性物質、その関連施設及びその輸送を含む関連活動を対象にした犯罪行為又は故意の違反行為の防止、探知及び対応」（原子力委員会報告書）のこと。

核兵器の保有が憲法で直接規定されていないにもかかわらず、この国を継いできた総理大臣は一九七一年以来、一貫して制約の多い非核方針に固執してきた。そのベースとなる方針が「非核三原則」で、一九六七年十二月、佐藤栄作によって提唱されると一九七一年に国会で決議され、その後、歴代内閣によって堅持されてきた。非核三原則に基づき、日本は核兵器を作ること、保有すること、この国にもちこむこと、つまり領空および領海内へのもちこみが禁じられている。非核三原則は国会決議で法的な拘束力はないものの、道徳的に拘束性をもつ規範だと日本人の多くが考えている。[20]

しかし、三原則を提唱して間もなく、この原則を盾にして、平和主義者がアメリカの核の傘の弱体化を図るのではないかと佐藤は案じた。そこで一九六八年一月、「核政策の四本柱」と呼ばれる新な指針を佐藤は表明している。その四本柱とは、①原子力の利用は一九五五年の原子力基本法が定めるように平和目的の利用に限られる、②世界的な核廃絶、③核攻撃に対してはアメリカの核抑止力に依存、④〝これら三政策で日本の安全保障が約束されたもとで〟非核三原則は支持される。

佐藤の四本柱は、日本はアメリカの拡大抑止に依存することを初めて言明したものだった。さらに三原則については、日本の安全保障がアメリカの拡大抑止によって保証されなくなった場合に備え、核オプションという選択肢が使えるようにされていた。[21]

非核三原則の「三」は、数としては「二・五」が実態である。一九六〇年代に結ばれた日米の密約でアメリカの核搭載艦船の日本への寄港が認められていたからである。そして四〇年後、この密約の存在が明らかにされる。[22] そもそも佐藤が考えたのは、核兵器の保有と製造の二点だけだった。三番目の原則、つまり日本への核のもちこみは、他の閣僚や党員からの強い要請に応じて加えられたものだった[23]。しかしその間、アメリカの拡大抑止を強化させようと、米海軍の核搭載艦船の入港が何年にもわたって暗黙のうちに容認されていた。

二〇〇三年、外務大臣の私的諮問機関（外交政策評価パネル）が正式に「非核二・五原則」に改めてはと主張するが、この提言に対して具体的な動きがあったわけではない[24]。しかし、二〇一〇年三月、国会答弁で「有事に際して日本はどうするのか」との質問を受け、外務大臣だった民主党（当時）の岡田克也は「一時的寄港を認めないと日本の安全を守れないという事態がもし発生したとすれば、そのときの政権が政権の命運をかけて決断」すると答えた。岡田の答弁は常識的なもので、長年にわたるこれまでの政策を単に述べたものにすぎない。もっとも、それはそれとして、後述するように岡田は根強い核軍縮論者でありながら、国会でこうした答弁をせざるをえなかった立場に置かれ、それによって方針を変えたのはやはり一考に値する。

「平和」と「保護」を同時に求める矛盾

今日の日本は核拡散防止条約（ＮＰＴ）の先導国としての役割を果たしている。だが、この国は一貫してそうだったというわけではない。核拡散防止条約が署名開放されたのは一九六八年七月一日、日本の署名はそれから一八カ月後のことで、批准にいたるまでさらに六年の年月を要した。日本が躊躇していたのにはいくつかの理由があった。核を〝もつ国〟と〝もたざる国〟とのあいだに見られる不平等に日本人の多くが憤慨し、核を〝もつ国〟が決して軍縮に踏み出そうとはしない点に恐れを覚えていたのだ。

さらに、核兵器を開発・保有する選択、つまり核オプションの放棄は、世界において日本を永久に二流国におとしめるのではないかという不安があった。その一方で、核保有国、とりわけ中国は自国の意思を行使するだけの軍事力をもちつづけた。国の安全保障を理由に、為政者は将来にわたり、核オプションを維持することを望んだ。「インドや他の条約未加盟国が核武装、あるいは中国の核の脅威が高まっていく場合に備え、日本は核武装を考える必要がある」と外務省の高官はアメリカの外交筋に語った[25]。そこには、国際査察と先端の原子力技術へのアクセスの点からも、ヨーロッパの原子力産業に後れをとってはならないという通商上の強い動機も働いていた。

核拡散防止条約の加盟をめぐる交渉中、アメリカは日本と西ドイツ（当時）の双方に、条文第四条は軍事転用可能な民間の原子力プログラムを妨げるものではないと明言していた[26]。とくに再処理の許可については、日本の条約批准に先立って再確認されている。日本が条約に署名した一九七〇年二月、日本政府は署名に際して、おおよそ以下のような声明を添えていた。条約が唯一禁止するのは核兵器と爆発装置の獲得とその管理である。非核兵器国は原子力平和利用の追求において、たとえその活動が核兵器開発において軍事に転用できるものであっても、差別的な取り扱いをされてはならない。そしてこの声明において、核拡散防止条約は核軍縮を遂げるうえでその第一歩になるものと規定されていた。また「自国の至高の利益」が危うくなった際は、日本には条約第一〇条に基づいて条約から脱退する権利がある点についても念が押された。

条約署名に際して日本は再三の保証を受けていたにもかかわらず、批准について国会の総意を得るまでに七年の年月がかかっている。この間、日本の真意をめぐり、国際的な疑念をあおることになる。

事実、与党自民党内には、核オプションを理由に条約に反対し続ける保守勢力がいる一方で、条約が五カ国に限って核保有を容認している点を理由に批准に反対する急進派も存在していたのだ。一九七五年、保障措置をめぐる国際原子力機関（ＩＡＥＡ）との交渉を経て、欧州原子力共同体（Ｅｕｒａｔｏｍ）と同等の待遇を受けられることが確認されると、日本はその翌年に条約を批准している。ニクソン大統領によって訪中と金ドル交換の一時停止が実施されたのが一九七二年。その余波と、いずれも事前相談がないまま踏み切られたことで、同盟盟主への信頼性に対し、日本側にわだかまりが生じていたこともこの遅れには関係していたようである[27]。

一九九五年、核拡散防止条約が無期限延長されると、日本はこのときも躊躇した。アメリカの核の傘がかならずしも当てにできるものではないこと、そのために自国の核オプションは永久に手放すべきではないというのが理由だった。アメリカをはじめ各国からの圧力で日本は無期限延長を支持するが、後述するように条約の脱退条項については公式に言及していた。

その後、日本は長年にわたり、核拡散防止を強化するもろもろの国際的取り決めを受け入れていく。一九九六年には他国にさきがけて包括的核実験禁止条約（ＣＴＢＴ）に署名すると、翌年には批准した。また一九九九年には、十分に発達した核燃料サイクルをもつ国として初めて追加議定書を発効させ、国際原子力機関（ＩＡＥＡ）の保障措置の強化を図っている。それから四年半、国際原子力機関が「拡大結論」――国内にあるすべての核物質が平和目的で利用されている――を導出すると、以来、日本は例年この結論を得ている。

保障措置を目的に国際原子力機関が東京地域事務所を維持するのには、ほかのどの国より資金がかかる。IAEAの保障措置予算の一七パーセントが日本のために使われているのだ。二〇〇九年からは外交官の天野之弥が日本人として事務局長に就任、核拡散防止に関するこの国の評価をさらに高めている。また、これらに先立ち、ザンガー委員会（一九七一年）と原子力供給国グループ（一九七四年）の創設メンバーとして日本は参加してきた。いずれの組織も核兵器の開発に転用可能な材料や設備の輸出をめぐる管理を求めている。

過去三〇年にわたり、日本が進めてきた国際的な軍縮活動への取り組みは、その規模をおおむね拡大させてきた。国連軍縮フェローシップ・プログラムは、一九八三年以来、日本の外務省がスポンサーとなり、世界一五〇カ国の外交官を広島と長崎に招いて実施する研修プログラムだ。一九八九年の第一回会議に始まり、世界の軍縮問題専門家を集めて開かれる国連軍縮会議もやはり外務省が計画したもので、例年開催地を変えて日本国内で実施されている。一九九八年には包括的核実験禁止条約へとつながる討議など、日本はこの会議に対してかなりの割合で費用を負担してきた。また、中央アジア非核兵器地帯に関する交渉についても日本は資金を提供しているのだ。

最近行われた日本の軍縮活動の取り組みのひとつとして、二〇一四年一月に外務大臣の岸田文雄による「核軍縮・不拡散政策スピーチ」があげられる。岸田はスピーチのなかで核兵器の保有国に対し、核兵器は「個別的・集団的自衛権に基づく極限の状況下に限定する」よう、その役割を低減せよと求めていた。岸田の本籍地は広島であり、そしてこのスピーチが長崎で語られた点を踏まえるならば、戦時中、唯一の被爆国として苦しんだ日本の経験を重んじる岸田の声にもおのずと力がこもる。広島と長崎の記憶を風化させないと日本が声を大にすることは、核軍縮に向けたこの国の姿勢をはっきりと打ち出し、世界的な軍縮運動に貢献することにもつながる。

だが、世界的な核軍縮を推し進めつつ、それと同時に日本はアメリカの核抑止力を頼りにしている。政治学者の秋山信将がいうように、日本は「核兵器に対する道徳的な見地と安全保障上の現況のはざまにとらわれている」[28]。この二項対立は公式声明でも脚光を浴びることが少なくない。一例をあげるなら、二〇〇九年、当時外務大臣を務めていた岡田克也は――岡田については前述した――非核三原則が完全ではない事実を初めて公式に認めた人物となり、またアメリカに対しては核の「先制不使用」を採用するように求めていた。アメリカの安全保障の履行をめぐって信頼性を傷つけることをおそれた官僚はその姿勢に反対した[29]。

そうしたこともあり、二〇一二年、自民党が与党に返り咲くと、政府は「核兵器は非人道的でいかなる状況においても使用すべきではない」という国際的な共同声明への参加を拒んだ。だが、二〇一三年、同様な趣旨の共同声明には日本も署名、わずかに文言を変えた声明に賛同することで、日本政府は立場を変えたことを取り繕えた。同時期、核兵器をめぐる論争において、日本は人道的な懸念を示していた一方で、安全保障面における核を認識する重要性を記した個別の声明にも署名していた。いずれの声明にも署名した国は唯一日本だけだった[30]。

核軍縮と核抑止力を同時に強化しようとする明らかな矛盾は、平和と保護の双方を求めようという、アンビバレントな衝動を反映しているのかもしれない。しかしながら、軍縮と抑止をめぐる日本の思考はますます分かちがたいものになってきている。今日では軍縮と抑止はともに中国に対する恐怖に根差している。日本の外務省にとって、核軍縮と核の透明性を推し進めているのは、中国の核兵器の増強をなんとか阻むための手段にほかならないからだ。[31]

警戒する韓国・中国と集団的自衛権

韓国人と中国人の多くが、日本の防衛政策に見られる最近の変化は、近い将来、日本の非核政策におけるる変化につながると考えている。近年、日本は冷戦時代に構築された防衛政策に関する制約の大半を捨ててきた。[32] 一九九二年、自衛隊の海外派遣禁止が解除されると、国連の平和維持活動の一環として自衛隊をカンボジアに派遣することが可能になった。

二〇〇四年から二〇〇六年にかけ、アメリカ主導で進められていたイラク復興で、日本は人道復興支援の役割を担うために武装した部隊を派遣する。ただ、日本の平和維持部隊は、例によって武装らしい武装はしていなかった。戦力投射をめぐる制限は二〇〇一年に事実上解除、洋上給油のために補給艦を派遣すると、その後、航空母艦にそっくりなヘリコプター搭載護衛艦が建造されている。また二〇〇八年には宇宙空間の軍事利用が解禁され、日本は高性能な軍事衛星を利用することが可能になった。

国防分野では、二〇〇三年にアメリカと共同して弾道ミサイル防衛システムの開発を発表したことで軍事の共同研究が解除され、さらに二〇一四年、武器輸出禁止が解禁されると、日本政府はアメリカとイギリスに対してミサイルのセンサー部品を供給すると発表した。そうこうしていた二〇〇七年、防衛庁は防衛省に格上げされ、防衛体系の位置づけが変更されていた。

韓国の元駐日大使だった権哲賢は二〇一二年、日本は「機会があるたびにひとつひとつ障害を取り除いた。最終的に核兵器を準備するつもりではないかと思われる[33]」と断定している。

こうしたもろもろの変化を通じ、日本は主要経済国に見合う〝水準〟以上の軍事力をもつことになった。この流れは二〇一二年十二月に安倍総理が二度目の政権についたときから勢いを増してきていた。とりわけ安倍が押し通そうとこだわったのが、同盟国が攻撃を受けた際に集団的自衛権の行使をめぐる憲法の再解釈だ。二〇一四年七月、臨時閣議によって同盟国の防衛のために武力行使の解釈変更が決定されたが、それは以下の三要件によって規定されている。すなわち、①日本の国民の「生命、自由及び幸福追求」の権利が根底から覆される明白な危険があること、②危険を排除し、我が国の存立を全うし、国民を守るために他に適当な手段がないこと、③必要最小限度の実力行使にとどまるべきこと――を満たしていなくてはならない。この解釈変更は二〇一五年九月の国会で承認されたが、激しい政治論争は行われず、世論調査でも国民の六〇パーセント以上が反対をしていた。

しかし、核をめぐる日本のタブーはこれをひと桁うわまわるものであり、いまも決して揺らぐことはない。政治学者のエテル・ソリンゲンが書いたように、〝正常〟になることはかならずしも〝核装備への前置きとはならない。圧倒的多数の国民にとって、〝正常〟とは非核武装を意味するからである[34]〟。安倍の側近が語った話では、安倍本人は核兵器の保有にまったく興味を抱いていないという[35]。かりに安倍が核を望んだにせよ、日本の政治と社会的な力学によってこのような衝動は抑え込まれ、それに刺激を受けて何か事が引き起こされるわけではない。

二〇一四年十月に訪日したアメリカ有数の外交政策の専門家一行は、帰国後、こんな結論をくだした。日本の国民と支配層である大半のエリートは、平和に満ちた発展の伝統と周辺社会と国際社会の双方に果たしてきた前向きな貢献に対し、リスクを冒したり、あるいは決定的な変更をもたらしたりするような真似は依然としてかたくなに避けようとしている。こうした性向は過去七〇年にわたって日本のなかにしっかりと根をおろしてきたものである(36)。

「核ヘッジング」をめぐる発言

過去半世紀のほとんどの期間にわたって、日本は疑似的な核ヘッジング戦略を用いてきた。この戦略はその性質上、暗黙のものであり、核規制という姿勢とは裏表の関係にある。ヘッジングという解釈については意見を異にするアナリストもいる。たとえば、国際関係を研究するジャック・ハイマンズは、核をめぐる日本のポリシーミックスは「強力な慣性の法則」の結果だと見る(37)。しかし、政策立案者の多くはヘッジング戦略については十分に理解しているようだ。日本の官僚も明らかにこの戦略にそっているとうかがわせる場合があるが、その明け透けぶりと政策がどこまで受け入れられるのかという程度はさまざまだ。

一九六四年、佐藤栄作が中国と同じように日本も核をもつべきだと発言していたように、外交上の切り札《レバレッジ》として使われたヘッジング戦略の例は少なくない。元防衛事務次官だった久保卓也は、一九七六年に記した個人論文のなかでこう主張していた。

日本の原子力の平和利用能力が高まり、何時でも相当な核装備ができるという体制が進めば（略）、核拡散による国際関係の不安定性の激化を恐れて、米国は核保障による日米安保体制の保持を希望するであろう。[38]

一九八三年刊行の回顧録のなかで岸信介は次のように書いている。東海村に新設された日本原子力研究所を一九五八年一月に訪問したときの話として、日本は原子力技術の平和利用に専念する一方、「平和利用にせよその技術が進歩するにつれて、兵器としての可能性は自動的に高まってくる」としたうえで、さらに「日本は核兵器を持たないが、潜在的可能性を強めることによって、軍縮や核実験禁止問題などについて、国際の場における発言力を強めることができる」* とつけ加えていた。[39]

また別のあるときには、核兵器に対する潜在的な必要性としてさらにあからさまに核ヘッジングが語られることもあった。一九六七年、当時、駐米大使だった下田武三は中国による核の脅威の進展が予断を許さないことから、「現時点では核武装しないことは日本国民の総意だが、核武装するかどうかの最終決定は将来の世代が決めるべきである」と発言して論争を引き起こした。[40] その翌年、農林大臣の倉石忠雄はソ連のあからさまな脅威から日本の漁民を保護するため、核武装が必要だと発言して辞任に追い込まれることになる。[41] 倉石の場合、核ヘッジングにとどまらず、核兵器の製造を要求した閣僚としていささか毛色が変わっている。

過去二〇年、日本の指導者はさらに頻繁に核能力について口にしてきた。一九九三年七月には核拡散防止条約の無期限延長を支持するという文脈で、外務大臣の武藤嘉文は記者を相手に第一〇条の脱

---

* 『岸信介回顧録——保守合同と安保改定』(廣済堂出版・一九八三年)

退条項について改めて言い聞かせると、次のように言葉を重ねた。「北朝鮮が核兵器を開発して、それが日本の脅威になったとしても、日本には頼りにできるアメリカの核の傘がある。しかし、その傘が破れたら〝自分らでもできる〟という意思をもつことが重要だ[42]」。一九九四年、羽田孜総理大臣は国会内で記者団の質問に答え、「たしかに日本は核兵器をもつ能力はある。すべての面で」という旨の前代未聞の発言をしている。外務省は「失言」としてこの発言を打ち消すと、「高度な原子力技術と科学技術を有することは、核兵器の製造能力を意味するものではない」という声明を発表、さらに「日本は核兵器を製造するいかなる専門知識もしくは経験を有していない。これが意味するのは核兵器を製造する能力を日本はもっていないということである[43]」。

四年後、今度は元総理の細川護熙が論文で核の潜在能力について言及している。「日本がNPTから離脱し核武装を望まない限り、アメリカとしても日本との同盟関係を維持し核の傘を提供し続けるのは米国の利益にかなうはずだ[44]」。細川の発言には独自の核兵器開発ではなく、アメリカの核の傘への依存を選ぶ日本の一貫した考えがはっきりと現れている。そして、アメリカのコミットメントを確たるものにする切り札として、日本が潜在的に秘めている核能力が変わらぬ手法としてここでも繰り返されている[45]。

細川の論文から間もなく、北朝鮮はテポドンの発射実験を実施、上空を飛んでいくミサイルに日本では核武装をめぐって論争が湧き起こる。総理の小渕恵三は国是である非核三原則を繰り返した。翌年、第二次小渕政権のもとで右派の西村眞悟が防衛政務次官に就任すると、雑誌のインタビューで「日本も核武装したほうがええかもわからん」と語り、核武装しなければ日本は国際的な〝強姦〟の前になすすべもなくなると発言した。西村はこの発言を理由に政務次官を追われる[46]。

核ヘッジングに関する発言は二〇〇二年にますます盛りあがった。四月には野党自由党の党首小沢一郎が、北京の中国共産党指導部の人間に語った話として、「核弾頭を作るのは簡単なんだ。原発でプルトニウムは何千発分もある。本気になれば軍事力では（中国には）負けない。そうなったらどうするんだ」と発言[47]。さらに五月、内閣官房長官の福田康夫が安全保障をめぐる国際情勢が劇的に悪化した場合を踏まえ、何十年と国是にしてきた非核三原則の見直しをはかるべきではないかと口にしている[48]。

翌六月、一件の幕引きを図った総理大臣小泉純一郎は、福田のこの発言は「言いまちがい」だとして、非核三原則は堅持すると繰り返した。だが、その小泉も「重要なのは、核は作れるにもかかわらず、われわれは作っていないことなのだ[49]」と核ヘッジングともとれる言葉を重ねていた。翌年には、福田と当時官房副長官だった安倍晋三は、現時点では政府には核兵器開発の意図はないものの、この問題を判断する権利は将来の外交政策立案者に委ねられるべきだとしていた[50]。

これらに比べると杏林大学名誉教授の田久保忠衛と元ポーランド大使の兵藤長雄らの意見にはてらいがない。国際政治を支配しているのは「絶対にないとはいえない《ネバー・セイ・ネバー》」という原理であり、日本は絶対に核兵器をもつつもりはないなどと口にすべきではないと書いていた[51]。

核オプションの議論がタブーとされた日本で、それに終わりをもたらしたのが二〇〇六年十月の北朝鮮による核実験である。外務大臣の麻生太郎は、どのような条件のもとでなら日本の非核政策を改めて検討できるのか、それに関して公的に論議することを求めた。しかし、麻生の本心はといえば、おそらく拡大抑止に関するアメリカのコミットメントの再確認を引き出すことにあったにちがいない。事実、同じ十月に来日していたコンドリーザ・ライス国務長官によって、拡大抑止の件はぬかりなく確認されていた。

二〇一一年、福島原子力発電所の放射能災害の影響で、国民の多くが原子力の恩恵に疑問を抱いていたとき、前防衛大臣の石破茂は「技術抑止力」を維持していくため、「濃縮と再処理に裏打ちされる核燃料サイクルは回し続けないといけない」[52]と語っていた。石破のこの発言を受け、日本最大の発行部数をもつ読売新聞は二度にわたり記事を掲載、国内に貯蔵されているプルトニウムは「外交上、潜在的核抑止として機能してきた」[53]と記している。森本敏も防衛大臣に就任する前の二〇一二年、「原発は周りの国から見て非常に大事な抑止的機能を果たしている」[54]とこれらと同様の話を語っていた。

こうした発言は、たとえば中国や北朝鮮などの仮想敵国に対しては、日本が核装備する可能性を憶測させ続けることから、よく「地下室の爆弾」と呼ばれる抑止戦略だといわれる。[55]これに関して防衛省の関係筋が著者に語った話では、「中国が再処理技術を抑止力だと考えているのなら、これに越したことはない」[56]というものだった。だが、ヘッジング戦略も能力の点ではメンテナンスが必要である。二〇一四年、渡米した外務省のある高官がエネルギー省副長官のダニエル・ポネマンと面談して、日本に対してプルトニウム再処理の継続を許可するように非公式のうちに要求したといわれる。再処理は日本のエネルギー安全保障と国家安全保障のいずれの点においても重要だというのが理由だった。アメリカが日本の再処理を支持し続けることは、日米同盟の基礎をなしているとその高官は語っていた。[57]

エネルギー安全保障と核能力

核ヘッジング戦略の裏にある日本の意図はたいていの場合隠されてきたが、この国の能力についてはは具体的にわかっている。商業用原子炉施設の数では、日本は非核保有国のなかでも最大の基数をもち、核燃料サイクルを完全に備えた唯一の国として、ウラン濃縮と再処理のいずれの技術にも通じている。衛星打ち上げロケット（ＳＬＶ）の開発プログラムも目覚ましく、運搬能力の点でも核の潜在的可能性を押し広げてきた。こうした能力はいずれも軍事転用が可能だ。しかし、戦後の日本は、軍事に関連するいかなる原子力技術についても手を染めなかったことで知られてきた[58]。

核兵器や軍事に関係した核技術についても知識はまったくもちあわせていない。原子力開発における透明性と国際原子力機関（ＩＡＥＡ）への協力をめぐるシミひとつないこの国の記録が、日本には核兵器プログラムなど存在しないという確たる証拠を授けてきたのだ。核ヘッジングまがいの戦略が唯一、将来の選択の自由を担保している。核政策の専門家ジェームズ・アクトンはこの戦略を〝実在的ヘッジング〟と呼ぶ。つまり、ただちに核兵器の製造を可能にするという意図した方針をともなわないまま、核のインフラを維持していこうというものである[59]。

その意味では、核ヘッジングとは核能力に関する二番目の解釈だった。筆頭の目的はあくまでもエネルギーの安全保障にほかならない[60]。一滴の石油もなく、限られた埋蔵量の石炭しかないこの国で、核は一九五〇年代に安定した供給源としてようやく確保できたエネルギーだったのである。一九三〇年代後半、日本では資源をめぐって領土拡張主義者の方針が幅を利かせ、一九四一年、連合国によるる石油輸出の全面禁止から逃れるべく悲惨な戦争へと足を踏み入れた。それに比べるなら、エネルギー

自立の追求ははるかに健全な手段だったのである。(61)

一九六六年、東海村で日本最初の商業用原子炉が稼働すると、二〇一一年の福島の原発事故にいたるまで五四基の原子力発電所（ＮＰＰ）が稼働していた。一九九八年の時点では、国の総発電量の三八パーセントを原発が占めるまでになった。この比率はその後数年にかけて二九パーセントにまで落ち込むが、二〇一七年には四〇パーセントもしくはそれ以上に上昇すると見込まれていた。しかし、福島の原発事故後、日本の原子炉は安全点検のために全基の稼働が停止される。二〇一五年八月中旬に一基のみが再稼働した。* 代替の化石燃料をさらに輸入するために要した費用は、事故から最初の三年で一億五六〇〇万ドルだった。(62)

自立した核燃料サイクルへの夢

一九五〇年代半ばの開始時点から、日本の原子力政策においては、使用済み核燃料のリサイクルによる完全に自立したクローズド核燃料サイクル** の達成が目標とされてきた。これはアメリカの運用に沿ったものであり、日本にとってアメリカは主要技術の供給国だった。(63) クローズド核燃料サイクルはエネルギー自給国にいたる道であるとともに、世界的なウラン不足に備える方法であると日本では見なされていたが、原子力時代の草創期、ウランの埋蔵量は希少なものであると誤って考えられていた。最近では、処分が必要な使用済み燃料の総量を減少させるのがクローズド核燃料サイクルの目的だとされている。

日本が最終的な目標として高速増殖炉（ＦＢＲ）の開発を切望したのは、高速増殖炉では消費する燃料よりも多量のプルトニウムを生成できるので、ウランの必要量を最大六〇分の一まで減らしながら、放射性廃棄物も減少していくからだ。[64] 商業炉建造に向けた研究開発（R&D）プログラムの一環として、一九七〇年代と八〇年代に小型の実験炉と原型炉が茨城県（この地域の古名にちなんで実験炉は「常陽」と命名）と福井県（原型炉は「もんじゅ」と命名）に建造された。

だが、やはり高速増殖炉を切望した他の国々がそうだったように、日本の高速増殖炉計画も技術面でぬきさしならない難問に直面すると、以来、商業的な実用化の目途がまったく立たなくなる。一九九五年、原子炉の冷却材が漏出する事故が起こるともんじゅは運転を停止、安全上の不安と高等裁判所決定にしたがって停止状態がいまも続く（溶融ナトリウムは危険な物質で水に触れると爆発するという性質をもつ）。常陽も二〇〇七年に事故を起こすと運転を休止、現時点でまだ再開にはいたっていない。二〇一四年、政府は核燃料サイクルプログラムの継続を決定したものの、もんじゅについては商用炉の研究が目的の実験炉ではなく、「廃棄物の減容・有害度の低減や核不拡散関連技術等の向上のための国際的な研究拠点[65]」として位置づけられることになった。***

そうしたあいだにも日本では暫定的な計画が進められ、一九九七年には再処理工場で取り出したプ

＊　二〇一六年九月末時点では川内原発1号機・2号機と伊方原発3号機の三基が稼働。

＊＊　核燃料サイクルの最終工程には再処理（クローズドサイクル）あるいは直接処分（オープンサイクル）がある。

＊＊＊　二〇一六年九月十三日、政府は「もんじゅ」について廃炉を含めた検討に入ったと発表。「もんじゅ」については二〇一五年十一月、原子力規制委員会が運営主体を変えるように文部科学省に勧告していた。二〇一四年の第四次エネルギー基本法においても「高速増殖炉の成果のとりまとめ」という文言は消えていた。

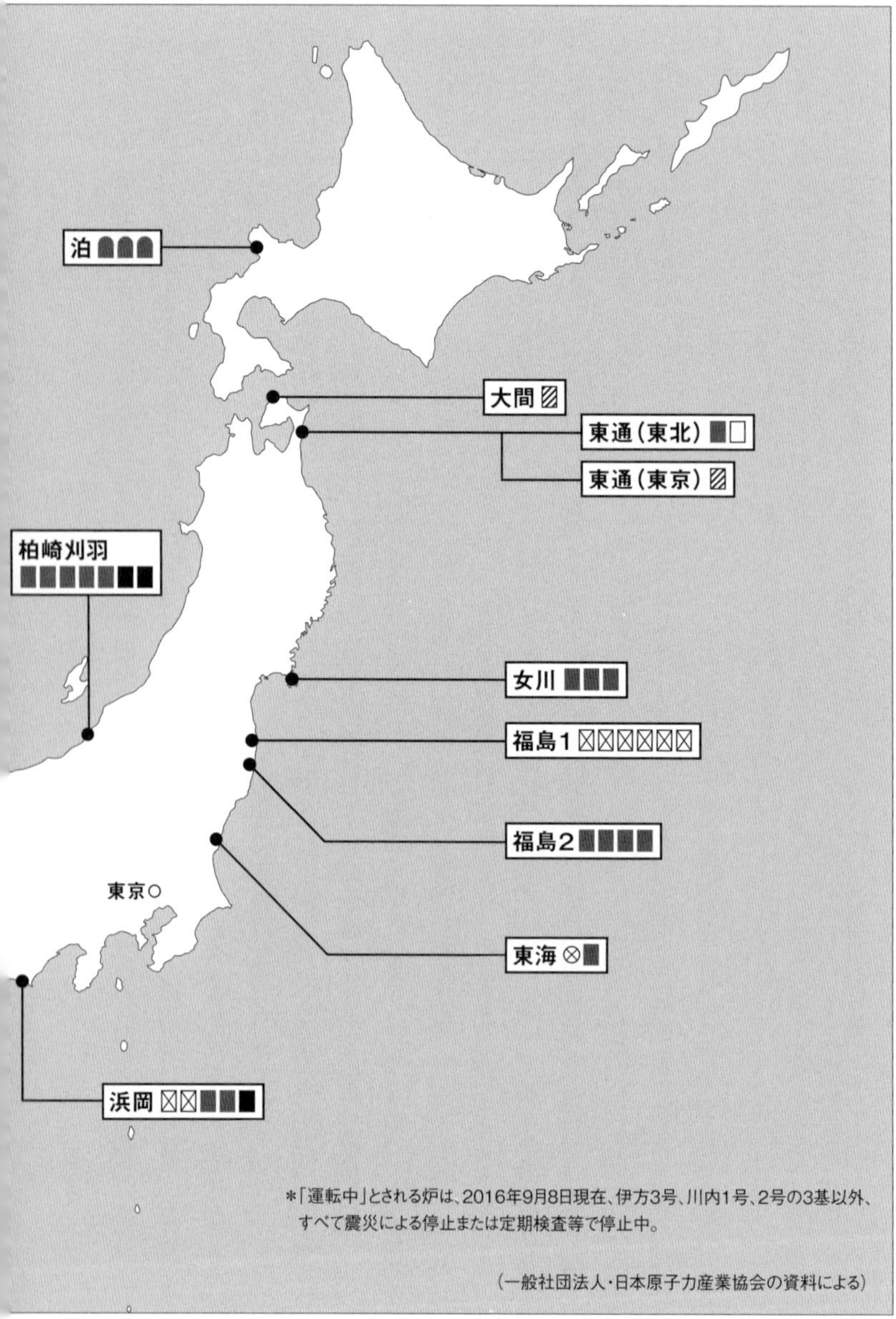
泊
大間
東通（東北）
東通（東京）
柏崎刈羽
女川
福島1
福島2
東京○
東海
浜岡
*「運転中」とされる炉は、2016年9月8日現在、伊方3号、川内1号、2号の3基以外、すべて震災による停止または定期検査等で停止中。
（一般社団法人・日本原子力産業協会の資料による）

原子力発電所所在地：日本

炉型	運転中	建設中	計画中	閉鎖
ABWR	■	▨	□	
APWR			∩	
BWR	■			⊠
PWR	∩			⊠
その他		●		⊗

ABWR＝改良型沸騰水型原子炉
APWR＝改良型加圧水型原子炉
BWR＝沸騰水型原子炉
PWR＝加圧水型原子炉
ふげん：ATR＝新型転換炉
もんじゅ：FBR＝高速増殖炉

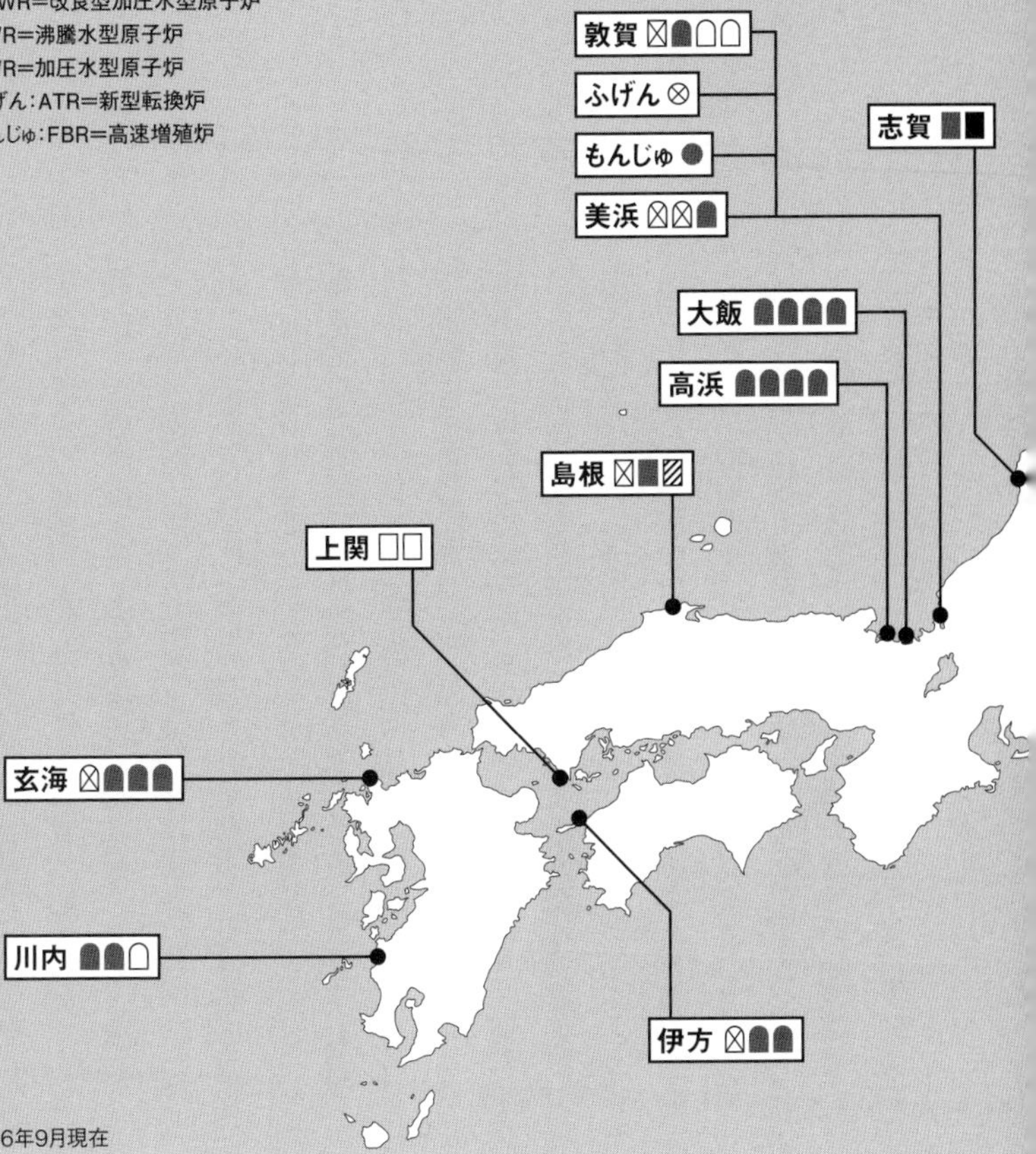

2016年9月現在

ルトニウムとウランを混ぜて混合酸化物（ＭＯＸ）燃料を作るなど、ウランと使用済み核燃料に含まれるプルトニウムをリサイクルする手法が導入された。ＭＯＸ燃料は一六〜一八カ所の特別に設計された原子炉で燃焼させる予定で、通常使用される天然ウラン資料の一〇〜二〇パーセントが節約できる。[66]しかし、再処理事業とＭＯＸ燃料も大きなトラブルに見舞われて何度も遅延を繰り返し、大幅なコストアップをもたらしている。[67]技術と政治の両面で解決しがたい問題に遭遇して膨大なプルトニウムを抱え、そのうえプルトニウムは兵器に転用できるので、こうした状況から核拡散に対する不安を引き起こしている。

日本はウラン濃縮技術をもつことで、核爆弾製造の可能性を秘めた第二の道を歩んできた。一九七九年、岡山県の人形峠に建造した民生用のパイロットプラントを使い、ガス遠心分離法によるウラン濃縮の研究開発が始まる。再処理同様、ウラン濃縮が目的としていたのは核燃料サイクルの確立で、濃縮技術によってそれに応じた核燃料の自立を得ようというものだった。工業規模をもつ第一世代の濃縮工場は六ヶ所村に建設された施設で、最大一〇五〇トンＳＷＵ*／年の生産能力を備えていた。

この施設は一九九二年から二〇一〇年にかけて操業した。どうしても商業ベースに乗せられなかったのは、マルエージング鋼で作られたローターがたびたび故障したことによる。二番目の濃縮プラントは二〇一一年から六ヶ所村で稼働が始まり、複合炭素繊維製のローターが使われている。一五〇〇トンＳＷＵというプラント能力は、福島原発事故前の時点で、燃料用低濃縮ウラン（ＬＥＵ）の国内必要量の三分の一を十分に満たすものだった。ただ、ここで生産されている低濃縮ウランは割高で、国際マーケットでは価格面でとうてい太刀打ちできない。しかし、それでもこの施設が認められたのは、濃縮度一・三パーセントの低濃縮ウラン七〇〇キログラムの濃縮が目的で、濃縮しなければ再処理作業の副産物として手つかずのままになってしまうからである。

再処理をめぐるアメリカとの対立

一九七五年、東海村に再処理用の実験プラントが建設され、一九七七年に操業を開始した。年間二一〇トンの使用済み核燃料の再処理が可能で、約四五〇キログラムのプルトニウムを分離する能力を備えていた。一億七〇〇〇万ドルの予算と一四年の歳月をかけて再処理工場が完成すると、再処理事業を全面的な中止に追い込むような外交問題が浮上する。それまでは再処理リサイクルの恩恵を促進してきたアメリカだが、一九七六年にその方針を一転させてしまったのだ。インドが一九七四年に実施した核実験で、名目上、民間利用を目的とする施設で生成分離されたプルトニウムが使われていた事実に、アメリカの核関係と外交政策の当局者は愕然としていた。

同じころ、フランスと西ドイツではアルゼンチン、ブラジル、パキスタン、韓国、台湾に対して再処理技術を提供する計画が進んでいたが、どれも核拡散の可能性を秘めていると見なされ、懸念はいっそう深まっていた。一九七六年のアメリカ大統領選ではプルトニウムの管理が政治問題となり、ジェラルド・フォード大統領は濃縮および再処理の技術輸出を停止、再処理に関してはいずれの国に対してもも三年間のモラトリアムを要求した。一九七七年にフォードを継いで大統領に就任したジミー・

＊　SWUは分離作業量で、分離プロセスの作業量を表す単位。

カーターは政策転換を強化し、国内で生産されたプルトニウムの商業的再処理を無期限に延期するとともに、他国にも同様の措置を講じるよう説得していくことを表明した(68)。

日本には不都合な時期に迎えた政策転換だった。米国産の核燃料の廃棄物を東海村で再処理するにはアメリカの同意が必要で、超過分の使用済み核燃料の再処理をするためにイギリスとフランスに移転する場合もアメリカのお墨付きは欠かせなかったのだ。この問題を討議しようとワシントンを訪れた福田赳夫に、カーターは再処理の休止をすすめる一通の報告書を差し出した。カーターのスタンスは、日本のエネルギー安全保障には脅威であると同時に、日本に対してクローズド核燃料サイクルを国策とせよとそれまで促してきたアメリカの背信行為と見なされるべきものだった。この交渉にかかわった元外務省の金子熊夫の話では、日本が再処理を強く求めた理由のひとつは、兵器オプションは日本にあることを確かにするためだったという(69)。

日本側の担当者はロビー活動に奔走、駐日大使のマイク・マンスフィールドに対しては、カーターに直接働きかけてもらい、同盟関係の健全性を損なわないために妥協点を探ってくれるよう口説き落としていた。軍備管理軍縮庁（ＡＤＣＡ）の元長官で日本との交渉を命じられたジェラード・スミスは、一九四一年の石油禁輸が日本のエネルギー安全保障を脅かし、その結果、戦争へと進んだ事実をカーターに話してきかせた(70)。そして、日本が核拡散防止条約を批准したのは、再処理技術の利用が確約された直後であったことが改めて思い起こされたのである。

日米双方で核拡散への抵抗力がさらに高いと考えられる再処理方法が研究されたが、代替案としては実用性を欠いていた。結局、カーターは軟化し、東海村での再処理には応じるものの、そのほかの点では再処理は向こう二年間で九九トンの使用済み核燃料に限るという条件をつけていた。二年後、国際核燃料サイクル評価の研究によってもこれまでの再処理法に変わる適当な代替法は見つからなかったため、ワシントンはこの同意を三回にわたって延長することになる。[71]

一九八一年、ロナルド・レーガンが大統領に就任するとアメリカのプルトニウム政策はふたたび変更、米国内で停止されていた商業用再処理事業が解禁された。反共産陣営内で日本との強固な関係を維持するため、保障措置と物理的安全保障に関する一定の法定条件を満たしているなら、友好国が再処理してプルトニウムを生産できるという新政策をレーガンは承認した。一九八二年、アメリカと日本は核をめぐる新枠組みに関する交渉を開始、これは「一九七八年核不拡散法」にともなう改定協定を満たすために必要だったものである。新協定は一九八八年に効力が発生、アメリカの管理下にある（義務化されている）全使用済み核燃料の再処理に関する事前同意が許可されたことで、日本にとっては有利なものになっていた。レーガンの原子力政策の方針は、再処理施設に膨大な投資を行い、核不拡散のルールに関して一級の履歴をもつ国には、濃縮と再処理の事前同意を与えるというものだった。[72]

日本には再処理のために使用済み核燃料をフランスとイギリスに移転する許可も与えられている。取り出されたプルトニウムとウランの一部は最終的にＭＯＸ燃料として日本に送り返された。ただ、運転中の高速増殖炉もなく、またＭＯＸ燃料が使用できる軽水炉の稼働が遅れていることから、日本では酸化プルトニウムは火急に必要というわけではない。フランスとイギリスには処理済みの日本のプルトニウムの七五パーセント以上がとどまり、契約では二〇二〇年までに送り返されることになっている。

ホワイトハウスに民主党が返り咲いた一九九三年、ビル・クリントンは次のような政策方針を発表した。「アメリカは民生利用のプルトニウムを奨励せず、したがって原子力あるいは核爆発を目的としたプルトニウムの再処理そのものも奨励しない。しかしながら、アメリカはヨーロッパと日本の民生用原子力プログラムにおけるプルトニウム利用に関しては、従来通りのコミットメントを維持する」(73)。クリントン政権は、レーガン政権が日本に対して再処理の事前同意を与えたのと同じように、欧州原子力共同体（Ｅｕｒａｔｏｍ）とのあいだでも再処理に関する事前同意を与えることを認めていた。この方針は現在でも変わっていない。

アメリカは、核不拡散と核セキュリティの二つを理由に、すでに大量に存在する日本のプルトニウム貯蔵量を増やさないように促してきたが、日本にしてもこれは既定の方針である(74)。さらにワシントンは、「平和のための原子力《アトムス・フォー・ピース》」プログラムにしたがい、主に高速炉臨界実験装置（ＦＣＡ）のために一九五七年から一九九四年にかけて日本に提供された兵器級プルトニウムと高濃縮ウラン数百キログラムの返還を求めた。イギリスもＦＣＡ用に濃縮度九三パーセントの高濃縮ウラン（ＨＥＵ）二〇〇キログラムを日本に提供していた。高濃縮ウランは長年かけて少量ずつアメリカに返還されてきた(75)。日本に存在する対象プルトニウムの総量は三三一キログラムとも二一四・五キログラムとも報告されているが、これらについては二〇一六年三月三十一日から四月一日にワシントンで開催される核セキュリティ・サミットまでには返還されることになっている＊。

一九八八年に発効した日米原子力協定は二〇一八年に更新を迎える。いずれかの側からによる協定終了の決定がなければ、この協定は自動的に延長される。ただ、アメリカ側が条件を再検討したり、あるいは原子力政策の変更に傾きかけたりした場合に備え、日本側の担当官僚には、プルトニウムの貯蔵量を減らす確固たる計画が必要だと内部で説いている者も存在する。[76] 技術官僚の多くに支持されている戦略が、プルトニウムを大量に消費する〝高速増殖炉〟の開発を優先させようというものだ。そしてもうひとつの選択肢は、六ヶ所村の稼働ペースを現在の計画よりも低くするというものである。

四七・八トンのプルトニウム

レーガン政権下のアメリカの方針によって、これまで以上の巨大な再処理施設建造の道が開かれたことで始まった六ヶ所再処理工場の建設だった。だが、建設費用は一九九三年の着工から現在までで二二〇億ドル、当初見込んでいた費用の三倍に膨れ上がる。施設には年間八〇〇トンの使用済み核燃料を処理できる能力があり、福島の事故以前であればその量は日本国内五四基すべての原子炉から出る使用済み核燃料の約八〇パーセントに相当した。

産出される核分裂プルトニウムは年間四・四トン（分離プルトニウムは年間合計八トン）。予定では一九九六年に稼働していたはずだが、技術的な問題、訴訟や政治的な紛糾が原因で何度となく遅延に直面した。福島の事故後に強化された現行の新規制基準の審査は、工期が延期されることを意味した。そうしているあいだにも、東海再処理施設が完全に廃止されることが二〇一四年に決定、この施設は

＊　同年四月一日、第四回核セキュリティ・サミットにおいて高濃縮ウラン燃料および分離プルトニウム燃料の撤去を完了したことが安倍総理とオバマ大統領によって表明された。

二〇〇六年にすでに稼働をやめていた。

いったん稼働させたらペースを落として操業、向こう三年間で使用済み核燃料八八〇トンを処理して、おおよそ四〜五トンの分離プルトニウムを生産する。さらにこのプラントでプルトニウムとウランを混ぜ合わせてMOX燃料を製造。一連の作業を〝ひとつ屋根の下〟で進めるのは、核拡散とセキュリティ上の予防が目的で、製造工程間の移動中、プルトニウムの転用や盗取の危険性を最小限に抑えるためだ。(77) 操業開始はもっとも早くて二〇一八年、それまで燃料加工を進めることはできない。MOX燃料が加工されて燃やせるようになる前に再処理が始まれば、分離プルトニウムの貯蔵量はさらに増加していく。

六ヶ所再処理工場は国際原子力機関（IAEA）との緊密な協議のもとで建設され、工程ラインには最新のモニタリング装置が建設中に設置された。(78) ヘッジングに関してどのような意図があるにせよ、現在のところここが軍事的用途とは無縁の施設であるのは明らかだ。しかし、国際原子力機関の保障措置のもとにある施設としては最大級のものであることから、保障措置に対しては費用――日本政府が主に負担する保障措置に要する年間費用は一〇〇〇万ドル――と査察に向けられた信頼性のいずれの点でも難題をつきつけることになる。プルトニウム量に関しては、わずか一パーセントの計量誤差であっても原爆三発分の使用量に匹敵する。(79) そのため国際原子力機関は現在、従来の計量管理や測定を補う一連の検証手法や技術を準備している。

一九九一年以降、必要量以上のプルトニウムを保有せずというのが日本の公式の方針とされてきた。生産されたプルトニウムはいずれも所定の平和目的を備えていなくてはならない。しかしそうでありながら、現実には大量の余剰プルトニウムを日本は抱え込んでいる。二〇一四年末時点で日本が保有するプルトニウムは総計四七・八トン、うち三七トンはフランスとイギリスで保管されている[80]。高速増殖炉の開発プログラムの遅れ、そしてMOX燃料開発の技術的な遅れは、累積した分離プルトニウムが通常在庫と見なされることを意味する。MOX燃料の加工プラントはいまのところ二〇一七年十月の完成が予定されている。ただ、不確実性という点を踏まえると、二〇一四年四月に表明された第四次エネルギー基本計画では余剰プルトニウムの非保有が繰り返されているものの、一方でこの方針では「戦略的柔軟性」をもたせながら対応を進めると説かれている。

計画に「戦略的」の文言があるといっても、国の防衛構想にかかわる含みなどまったくない。ただ、六ヶ所再処理工場がいったん稼働すれば、余剰プルトニウムはさらに増加していく。福島の事故以前の時点では、MOX燃料を燃やすプルサーマル原子炉一六〜一八基で、年間約五トンのプルトニウムを消費し、貯蔵しているプルトニウムを徐々に減らしていく計画だった。また、大間に建設中の新型原子炉でさらに年一・一トン、もんじゅで年〇・四トンのプルトニウムをそれぞれ消費することになっていた。

だが福島の事故後、厳しさを増した新規制基準のもとで、MOX燃料が使える原発の再稼働は半数にも満たないと予想されている。七基については再稼働が認められたものの、プルトニウムにともなう否定的なニュアンスに警戒している地元自治体の反対で、法的な障害あるいは政治的な障害に直面している原発も存在している。大間原発も新規制基準の影響で予定されていた稼働開始を二〇二二年ごろに延期され、また建設の凍結を求める函館市の提訴によって稼働は阻まれている。

すでに述べたように、リサイクル計画の一部を担うはずだったもんじゅは稼働させることはできない。ベストのシナリオで考えても、ＭＯＸ燃料を使える原子炉はわずか四基しか再稼働できない――そう判断するのは核問題が専門のジャーナリスト太田昌克だ。(81) 大方の予想に比べてだいぶ悲観的な見通しだが、六ヶ所再処理工場が稼働ペースを落として操業したにせよ、当初は消費分をうわまわる量のプルトニウムが生産されるのはほぼまちがいないだろう。

余剰プルトニウムを減らせる手立てがない現実に加え、ＭＯＸ燃料を原子炉に装荷する計画は厄介な問題にも囲まれている。通常のウラン燃料に比べ、国産のＭＯＸ燃料のコストは九倍も割高なのだ。(82) プルトニウムを処分する方法としては、ガラス固体化して地層処分したほうがはるかに安くつく。(83) 技術的な理由から、六ヶ所再処理工場では使用済みＭＯＸ燃料を再処理できないため、さらに再処理のためのプラントを新たに建造する必要が生じるが、現在のところ具体的な建設計画は存在しない。同じ屋根の下でＭＯＸ燃料を製造することで輸送にともなうリスクは軽減できた。だが分離プルトニウムには、核拡散と製造工程中あるいは貯蔵中の転用や盗取といったセキュリティ上の危うさといったプルトニウムならではの問題がともなう。

理屈からすれば、使用済み核燃料を再処理するより、長期間にわたって直接処分したほうがましだが、すすんで貯蔵地を受け入れる自治体はこの国には皆無だ。六ヶ所再処理工場の場合、地元の自治体が指導計画の牽引役を担ってきた。再処理計画が放棄されれば、地元の六カ所村と青森県は今後、フランスとイギリスに再処理委託している廃棄物の受け入れを拒むだけでなく、国内の原発から運び込まれた使用済み燃料を撤去すると抗議した。二〇一一年から二〇一二年、民主党（当時）主導による短命政権は、原発と再処理の両方に終止符を打とうとしたが、青森県知事の強気の交渉の前に中央政府は再処理計画を継続するほかなかった。[84]

こうしているあいだにも、日本各地の原子力発電所内の貯蔵プールには使用済み核燃料が保存され続け、なかにはすでに満杯状態に達しようとしているところもある。ドライキャスク（乾式容器）は中間貯蔵手段で、さらに大量の使用済み核燃料を最長一〇〇年は保管できるが、管轄上こうした原発に囲まれている自治体はドライキャスクの受け入れに乗り気ではない。理想的なのは、自治体がドライキャスクの受け入れを認め、六ヶ所の稼働は貯蔵するプルトニウムを確実に減らせる計画が整うまで延期することだ。専門家の多くがこみいったこの問題について研究をしてきた。

そのひとつ、プリンストン大学を拠点にする「核分裂性物質に関する国際パネル」は二〇一三年、再処理をめぐるこの板ばさみから日本が抜け出す手順について考え抜かれた指針を提案している。[85]また、日本はイギリスとフランスに対し、かの地に委託している日本のプルトニウムを引き取ってもらうように掛け合うべきだとか、[86]あるいは法律を変え、燃え残ったプルトニウムを資産ではなく廃棄物として処理できるようにすべきだとか、[87]さらに日本は余剰プルトニウムを国際原子力機関の管理下に置くべきだと提言する専門家もいる。[88]

日本が第四次エネルギー基本計画を策定していた二〇一四年春、関係者のなかには、保有するプルトニウムについて政府にはそれを減らす責任があるという当然の文言を盛り込むことを目指した者もいた。しかし、タイミングが悪かった。中国の非難に応じたものだと見なされるおそれがあった。[89]この年の二月、アメリカが日本に対して兵器級プルトニウムと高濃縮ウランの返還を要求した一件が報じられると、中国外務省は格好のニュースネタとしてこれに飛びつき、日本のプルトニウム貯蔵について批判していた[90]。

クローズド核燃料サイクルの工学と経済上の失敗を踏まえ、日本のある政策立案者は著者に、「再処理は死に体にある。施設は存在しても、政策を実現させるのはもはや不可能に等しい[91]」と語った。原子力計画にかかわる官僚や科学者、政治家は再処理を強く支持するが、この国の専門家のなかには、核燃料サイクルへの道を何十年と推進する決断をくだしたことを悔やんでいる者がいる。韓国は日本の失敗に学び、使用済み核燃料の再処理を追い求めてはならない――韓国の専門家との会合で、彼らはそう提言したという。とはいえその後悔は、日本が再処理計画を断念するほど広範に抱かれているものではない。

かりに日本が再処理事業を放棄したなら、世界の核不拡散に対して著しい貢献を果たすことになる。最近、核不拡散の分野で著名な日米の専門家が集まって次のような結論を述べた。日本の政策には国際的に無視できない影響力があり、そのため世界の核不拡散運動に対し、これまで論じられてきた国内問題を踏まえることで、さらに思慮に優れた視点を提供できる[92]。しかし、六ヶ所再処理工場に投じられてきた資金を考えれば、どうやらそうした決断もおいそれとくだせるものではない。六ヶ所開業に向けられた雰囲気は「本日も通常通りの業務」といった様子が圧倒的だ。その理由は核ヘッジングのためなのかと、懸念を覚える国外の観測筋はどうしてもそう問いただしてみたくなる。

原子炉級プルトニウムで核兵器は作れるか

国際原子力機関の基準では、核爆弾一発の製造に必要なプルトニウムは八キログラム、日本国内には一一トンのプルトニウムが保存されているので、理屈としては約一四〇〇発の核爆弾を製造することが可能だ。だが理論上、核爆弾は一発当たり四キログラムのプルトニウムでも製造可能な点を踏まえると、実際の数値は三〇〇〇発近くに高まる。技術的な点において、原子炉級プルトニウムであっても核爆弾に使用できることに疑問の余地はない。アメリカでは一九六二年に原子炉級のプルトニウムを使った核実験が成功裡に実施されている[93]。

しかし、原子炉級プルトニウムの高レベルな放射線と放射熱、また同位体プルトニウム240のレベルも高いことから不完全核爆発を起こす可能性があり、得られる爆発量も低くなる。そうしたわけでこれまで原子炉級プルトニウムは兵器として使われることはなかった。

ただし、火急に兵器を製造しなくてはならない状況に置かれた場合、突貫工事で原子炉級プルトニウムが使われるのではないかと主張する声がある。とりわけ、各原子炉から取り出した第一次取替燃料なら、平均的なものより燃焼度ははるかに低いので兵器用にはさらに向いている。しかし、それよりも合理的なのは、常陽やもんじゅから出たスーパー級のプルトニウムを使う方法である。一九七七年から七八年に運転された常陽の炉心周辺のブランケット部分からは、分離前のプルトニウムが約二二キログラム、またもんじゅからは六二キログラムのプルトニウムを利用することができるだろう[94]。純度は兵器級プルトニウムをうわまわっているが、国際原子力機関の保障措置下にあり、通告なしで転用することはもちろんできない。

また他の原子炉の炉心周辺にウランのブランケットを置いたり、あるいは単に軽水炉で約五〇日稼働させたりするだけでも兵器級プルトニウムの製造は可能だ。生産されたのが低燃焼度使用済み核燃料であれば、小規模な再処理プラントで分離できるだろうし、日本のこれまでの経験をもってすればその程度のプラントなら比較的すみやかに建設できるだろう。東海村にあるホットセルを使っても再処理は可能だろうが、その能力は年に約二キログラムにとどまる。[95] 六ヶ所再処理工場は、不適当なほど大規模である点を踏まえると、ここが使われることはあるまい。兵器級のプルトニウム生産が目的なら改築の必要があり、なによりここは民生用の再処理に必要な施設であると考えられている。

ロケット技術と潜水艦発射弾道ミサイル

日本の核ヘッジング戦略は、衛星打ち上げロケット技術によって補強され、この技術がさらに発展することで、核兵器の発射プラットフォームとして利用できるようになる。一九九〇年に開発された三段式の全段固体燃料ロケットのM－Vロケットはペイロード（実験観測機器などの搭載荷物）一・八トン、推力はアメリカの大陸間弾道ミサイルと変わらない。[96] 二〇〇六年、予算を理由に開発プログラムが継続できなくなると、このロケットがもつ軍事転用への潜在能力を踏まえ、保守派の閣僚のなかには開発は維持すべきであると説く者がいた。[97]

設計上、M－Vロケットは大気圏に再突入できなかったが、技術そのものは一九九四年に開発されており、無人探査機「はやぶさ」はこの技術を使って地球に帰還している。二〇一一年には、液体燃料ロケットのH－ⅡBは第二段の制御落下にも成功した。[98] SM－3ブロックⅡAはミサイル防衛システムを構成する迎撃ミサイルで、開発には日本も携わっていた。これに手を加えれば、中距離弾道ミサイルの発射に使える。

こうした日本の一連の技術が、弾道ミサイルへの応用を目的に研究されてきたものということを示唆する証拠は何もない[99]。ただ、弾道ミサイルの有効性という点で設計が適切なものでないのは、たとえば、近隣の中国に対して使うには本体が長大すぎ、必要な誘導制御装置も備えていないからである[100]。二〇〇三年、この問題に関して影響力をもつアメリカの研究者らが指摘していたように、「衛星打上げロケット（SLV）計画を装って、日本が弾道ミサイルの開発を進めているなど単なる荒唐無稽な話にすぎない[101]」。しかし、その目的はヘッジングだと主張する日本人もなかにはいる。陸上自衛隊の元陸将である志方俊之は東京都の参与として働いていた二〇一一年、はやぶさによって「日本の弾道ミサイルの能力は信頼に足るものだという無言のメッセージが伝わった[102]」と語っていた。

M－Vロケットの開発中止から一〇年が経過していたにもかかわらず、日本の衛星打ち上げ計画は、軍事目的の弾道ミサイル開発に必要な技術的基礎を提供できるまでになっていた。防衛政策の専門家であるアメリカのジェームズ・ショフは、日本は二年以内に弾道ミサイルを完成させることができると推測している[103]。二〇〇九年の論文のなかで、ショフは日本の産業界や研究団体が手がけた核兵器の関連技術についていくつか記していた。こうした技術には高速度フレーミング撮影、重金属の衝撃力学、爆発加工、放射流体力学などがある。

これらもろもろの技術がこの国の核の潜在能力に寄与している。だがショフは、目的とするヘッジング戦略の一要素としてこうした技術を発展させる組織的なプログラムめいたものを発見することはできず、また冶金知識のような兵器製造のうえで基軸となるいくつかの技術も欠けていると記している。さらに、日本の科学者は問題視されるいかなる研究にも自分はかかわっていないとはっきりさせたがり、そのため日本の科学研究界と防衛関係者とのあいだには大きな溝が存在している事実にもシヨフは気づいていた[104]。

残存可能な核抑止力を構築するうえで必要な技術のなかでも、日本に不足しているのが弾道ミサイルを発射する潜水艦の存在だ。狭隘な国土は戦略上の地理的な奥行きを欠いており、第二撃能力を確保するうえでも潜水艦発射ミサイルは必要だと事あるごとに考え続けられてきた。また日本には爆弾と弾頭設計技術の専門家がいないといわれる。しかし、こうした障害はいずれも核抑止力を構築していく初期の段階で少なくとも克服することができるはずだ。たとえば、潜水艦ではなく巡洋艦に核弾道ミサイルを搭載することもできるだろうし、中国のようにこの国ならではの山岳地形を利用して地下トンネルにミサイルを隠すことも可能だ[105]。ただ、政治的なハードルはますます高くなっていく。国の意思をひとつにして、核抑止力体制を整えるうえで必要な基盤構造を法律、官僚機構、政治の各方面から確立しなくてはならない。

「六カ月」で核兵器を作れるのか

核拡散防止条約に参加する非核保有国一八五カ国のなかで、最短で核の保有ができる国はおそらく日本だ。実際にどれほどの短日で日本が爆弾を製造できるかについてはいろいろな憶測が流布しているが、こうした憶測の大半は現実的な分析を踏まえたものではない。日本の核兵器は「あとはドライバーでネジを回す」ところまできていると誇張交じりに、事もなげに示唆する説さえある。[106] 一九九〇年代初め、ロシア対外情報庁のトップにいたエフゲニー・プリマコフは「日本は五週間で核爆発装置を作ることができる」[107]と語っていた。

西側関係者のあいだでは、六カ月程度で日本は核兵器を製造できるとまことしやかに語られている。[108] アメリカの軍備管理の専門家ジェフリー・ルイスは、六カ月という説の出所を執拗にたどり、この説が技術的な根拠に基づいたものではないことを突き止めた。実はこの説、一九九一年にリチャード・ハロランが書いた『再考・菊と刀――日本の軍国主義は復活するのか』(*Chrysanthemum and Sword Revisited: Is Japan Militarism Resurgent ?*：未邦訳)の一節に由来するものであり、文中、ある日本人の戦略思想家が一九七一年に無造作に口にした言葉が現在まで語り継がれてきたようなのだ。『旧約聖書』にある文言「四十日四十夜」が「長い期間」を意味するように、「六カ月」という表現は「かなり早く」という意味だったのである。[109]

粗製核兵器なら六カ月という予測は妥当だが、二〇〇六年に明らかになった日本政府の内部文書はそれに比べると対照的で、この文書では日本が小型の核弾頭を試作するまでに最低でも三年から五年はかかるとされていた。[110] アメリカの大半の諜報機関の見通しはさらに慎重だ。アメリカの国家情報評価は一九六六年、日本が核爆発装置を製造してテストするまでにはおおよそ二年を要するとの結論をくだし、そのなかには再処理プラントや金属還元施設の建設に必要な期間も含まれていた。[111] 翌年発表されたより詳細な評価では、最初の核爆発装置の完成後、核弾頭とそれに見合う衛星打ち上げロケットを再設計して開発するまでには、さらに三年から五年以上かかるだろうと見られていた。[112]

慎重なアメリカのインテリジェンスコミュニティーの評価と大きくかけ離れているのが、国防情報局の一九九九年の報告書である。「ドイツと日本は民間の原子力発電計画への支援を通じ、基礎技術と核分裂性物質の生産基盤をすでに整えており、こうした可能性を追求するという政治判断がくだされた場合、一年以内に核弾頭を開発できるはずだ」というお手軽な結論で結んでいた。[113]

日米双方の政府によるスケジュール評価を踏まえると、技術課題に取り組むときの日本のいつもながらの流儀で、徹底的かつ思慮深く事に当たることがうかがえる。緊急事態であれば、信頼性が高い核兵器を製造するというスケジュールは、おそらく一年あるいは二年に短縮されるかもしれず、とくに信頼性と正確さが二の次となればなおさらだ。タイムスケジュールをめぐっては合理的な疑いもあるが、これは詳細に見極めようとするアメリカのアナリストによる総合評価なのである。[114]兵器の設計をまったくゼロから始めなくてはならない場合――同盟国あるいはブラックマーケットから兵器を調達できなければ――日本が中国並みの性能をもつ兵器を求めようとするなら、設計だけで一年あるいはそれ以上の時間がかかってしまう。[115]しかし、技術面に基づいたスケジュールがいずれも架空のものにすぎないのは、そこには乗り越えなくてはならない法的な障害と政治的な障害が織り込まれていないからである。[116]

日本が核兵器製造を手がけるなら、プルトニウムを使用するはずだと考えられている。だが、濃縮ウランの可能性も考慮に入れてしかるべきだ。早期の完成を目指すのであれば、ウランを用いたほうが方法としては望ましく、小型化を図る必要もない。高濃縮ウラン（ＨＥＵ）のほうが高燃焼度プルトニウムよりも扱いが容易で、被ばくの不安もなく、過早核爆発のリスクも低い。機密が求められる状況であれば、かつての廃鉱からウラン鉱石を掘り出し、鉱石の砕粉、転換、濃縮用の小規模な専用施設があればウランを用意できる。日本の場合、原子法レーザー分離によって高濃縮ウランを製造することも可能だ。この技術は二〇〇一年に政府予算がカットされるまで日本の原子力科学者が実験を行っていた。設備とノウハウは現在も残っている。[117]

日本が核に踏み出すとき

日本が核保有へと向かうのは、深刻な脅威に直面して安全保障をめぐる状況が著しく低下し、もはやアメリカの拡大抑止が当てにはできないと受け止めた場合だ。世界的な核不拡散体制が破綻した場合も日本を核へと走らせるかもしれないが、近い将来のうち、このような最悪の組み合わせに陥ることはまずないだろう。また、ひとつもしくはそれ以上の要因が顕在化したとしても、かならずしも核武装へと向かっていくわけではない。

事実、過去二五年間において、このような状況は多少なりともちあがってきていた。冷戦の終結とともにソ連の脅威が消えると、日本人の多くはアメリカが防衛義務を強化する理由はなくなるのではないかと案じた。北朝鮮の核政策がそうであるように、中国が核兵器の近代化を図り、通常兵器を増強することも日本の安全保障には脅威だ。アジアで核保有を宣言した国が三カ国になった一九九八年以降、核不拡散の秩序はほころびを見せるようになった。しかし、そうでありながら日本は非核を堅持した。その様子にブレはうかがえない。

非核保有国として揺るぎない立場を維持してきたことで、日本はこれまで数多くの予言を出し抜いてきた。日本が一五年以内に超核大国に変貌するのは、近隣国が核兵器を保有するもとで手をこまねいていられないからである――一九六〇年代後半にそう唱えたのはハーマン・カーンだった。一九七二年にズビグネフ・ブレジンスキー、一九九二年にはジョン・ミアシャイマー、そして一九九三年にはケネス・ウォルツといった国際関係論では現実主義に立つ研究者が、日本の核武装は仮定の話ではなく、時間の問題であると予測していた。[118] これは一九五七年におけるアメリカのインテリジェンスコミュニティーの見解でもあった。[119]

そして一九六〇年代、当の日本人の多くもそのように考えていた。一例をあげるなら、読売新聞が一九六九年に実施した世論調査の結果では、七七パーセントが西暦二〇〇〇年までに日本は核兵器を保有していると考えていた。[120] だが、そんなことが起こることはなかった。ここからは、日本を核へと向かわせるかもしれない個別の要因について検討していくことにする。

核武装した北朝鮮にどう対峙するか

一九九五年、当時の防衛庁が発表した報告書は、北朝鮮が核武装した場合、日本は将来における自国の核を検討することになると記していた。[121] 同様の見方をする海外のアナリストは少なくない。[122] 実際、もっとも差し迫った脅威が北朝鮮の存在だ。[123] 準中距離弾道ミサイルのノドンはおそらく核兵器と化学兵器の搭載が可能で、日本のほぼ全域を射程におさめることができる。[124] 二〇一三年、北朝鮮の政府系機関紙の挑発的な記事には、このミサイルの射程内にある日本の都市名が記されていた。北朝鮮が一九九八年に実験した中距離弾道ミサイル、テポドン1号は日本の北部上空を通過、このときの驚きはアメリカ人が一九五七年のソ連のスプートニク打ち上げ成功で覚えた衝撃に匹敵するといってもあながち的外れではない[125]。すでに触れたように、二〇〇六年十月に実施された北朝鮮の核実験を契機に、タブーとされてきた日本の核オプションをめぐる議論ができるようになったのである[126]。

だが、変化したのは、この問題に関して論議をしようという単なる意思の問題にとどまるものではなかった。北朝鮮の挑発に反応し、実際の日本の核武装を要求したのはもっとも右寄りのごく一部の政治家に限られた。北朝鮮の核実験後に行われたテレビ朝日の世論調査では八二パーセントが日本は非核三原則を維持し続けるべきと答えた[127]。日本が核兵器を保有する国を隣人にもつのはこれが初めてではない。旧ソ連の核兵器とは一九四九年から、中国の核兵器とは一九六四年から日本は平和的な共存をなし遂げた。ヒステリーに見舞われなかったのは、おそらくアメリカの防衛シールドへの信頼性に向けられた自信の表れなのだろう[128]。

日本には核武装した北朝鮮に対する防衛として独自の非核オプションもあり、そのなかには弾道ミサイル防衛の発射プラットフォームや先制攻撃能力が獲得できる潜在力が含まれている[129]。大多数の日本人にとって、核の脅威などより一九七〇年代、八〇年代に起きた日本人拉致問題の解決をめぐる北朝鮮の失態こそ、最優先されるべき問題なのである[130]。

それにもかかわらず日本の戦略思想家が変わらず懸念するのは、北朝鮮の中距離弾道ミサイルや大陸間弾道ミサイル、直近では潜水艦搭載の核兵器である。北朝鮮がアメリカ本土に直接攻撃できる能力をもつことは、アメリカの抑止力の信頼性に対して疑問を投げかけることになる。アメリカは東京のためにサンフランシスコを犠牲にしないと北朝鮮が考えるなら、日本に対して北朝鮮は躊躇することなくますます攻撃的になってくる。韓国の場合もそうであるように、こうしたデカップリングをめぐる懸念は拡大抑止をこみいったものにする。それだけに、冷戦中のヨーロッパで、アメリカはソ連を相手に、同様の問題の沈静化に傾注していたことは特筆されてしかるべきだ。

日本か韓国のどちらかが核武装したら、残された国は核をもつというのは、アメリカの安全保障の世界では常識になっている。[131] これが通用するのはおそらく日本が先に核をもった場合で、その理由は第1章で説明した。日本が心の奥深くに抱く反核感情と、韓国が安全保障上の脅威をあおるいかなる感情も日本に向けて発していない点を踏まえれば、この逆は成立しない。韓国の核武装に対する日本の反応は、アメリカの防衛義務が変わりなく存続するかどうかにかかっている。

しかし、朝鮮半島の南北統一にともなう潜在的な核の脅威に日本はかなり警戒心を覚えている。日本の元上級外交官だった人物の話では、核武装した南北統一国家、すなわち韓国の工業能力と北の核兵器技術がひとつに結びつくことは、日本を核へと向かわせるもっともリアルなシナリオなのだという。[132] 最近、ソウルで開催されたセミナーの席上、日本の研究者が統一をめぐる厄介な三つのシナリオを紹介していた。まず、日本にとって最悪なケースは親中国で核武装した統一国家の出現だ。次いで最悪のケースは、非同盟で核武装をした統一国家、そして三番目が、北朝鮮の崩壊で核兵器が散逸した状態で統一というシナリオだった。[133]

別の研究者はこう語っていた。たとえ韓国政府の見解が、統一政権のもとでは北朝鮮が貯蔵していた核兵器を保有しないという考えでも、その製造技術とノウハウは確実に保持されるはずで、おそらく核分裂性物質についても同様なのは南アフリカ共和国の場合と同じだ。北の核兵器、もしくはいくばくかの核分裂性物質が秘匿される可能性も日本は警戒している[134]。その可能性に関してアメリカの政府筋は否定的で、北朝鮮の政権が崩壊した場合、アメリカは徹底してこの国の核兵器製造基盤を解体し、核分裂性物質も取り除く考えであることを主張していた[135]。

中国の挑発と西太平洋のパワーバランス

日本にとってもっとも差し迫った脅威が北朝鮮なら、中国はさらに深刻で長期に及ぶ危機の源だと日本の政策関係者のあいだでは考えられている。すでに触れたように一九六四年の中国の核実験で、日本も同等な核をもつべきだという議論が公然と湧き起こった。このところ中国が進めている核兵器の近代化は、心理的なショックと戦略上のショックをふたたび日本に呼び起こした。核をめぐり、日米間にデカップリングを生じさせる点では、北朝鮮よりも中国のほうがはるかに公算は大きいと見なされている。

日本が不安視するのは、相手の核攻撃に対して強力な防衛手段をもたないという、いわゆる相互脆弱性にある米中間の現実を、北京が冷戦時代の相互確証破壊に相当すると見なし、米中間に核戦争は起こらないと考え、通常兵器による強硬な態度に出てくる自由を手に入れることなのだ。

二〇一五年三月、ワシントンの会議で防衛省防衛研究所の高橋杉雄は次のように発言した。「戦略レベルにおいてアメリカと中国とのあいだに相互脆弱性が存在するなら、問題となるのは地域レベルでの通常戦力のバランスで、地理的な奥行きに欠ける日本は不利を被る。それだけに日本としてはアメリカが相互脆弱性を受け入れることに不安を覚えている。核政策にこめられた中国の狙いは核兵器と通常兵器を切り離す点にある」[136]。日本人のなかには、アメリカが核戦力を削減した場合、中国は数的な核均衡を目指すようになるのではないかと案じる者がいるが[137]、現在、核弾頭数の格差は一対三〇、中国の核態勢は超核大国に追いついていくことを基本にしていない。

日本が中国に抱く脆弱感は、拡大を続ける中国の通常兵力、経済的な隆盛や防衛予算の増強、そして中国の挑発的対応に大きく根差しているのだろう。東風－21（DF－21）や「空母キラー」ミサイルとして開発中の東風－26（DF－26）を含め、アクセス阻止／エリア拒否（A2／AD）*戦略にともなう能力を中国が強化している事実は、かりにその戦略が精度を欠き、時に中国自身にとって致命的なものであるにせよ、アメリカの抑止政策を徐々に弱らせていくと見られている[138]。

日米両国が西太平洋で謳歌してきた海軍と空軍の優越性だが、いずれ中国はそれを無力化させる能力を備えてくるという懸念もある。A2／AD戦略で地域におけるアメリカの戦力誇示が制限されれば、日本を防衛するアメリカの能力に向けられてきた信頼性も損なわれる。日本の安全保障研究家のなかには、中国の通常兵力が優勢になった場合、核兵器の分野については日本も独自に検討しなければならないと口にする者がいる[139]。

「核の傘」への不信と不安

日本が非核態勢を継続していくうえで、唯一無二の変数として影響を与えているのが、アメリカの拡大抑止に対する信頼性だ。信頼性とはきわめて主観に基づいた基準で、リアリティーではなく感覚的な判断のうえに成り立つ。日本人のなかには、長年にわたるアメリカへの信頼性をさまざまな脅威として見てきた人間もいる。ベトナムでの敗退、アジア地域での兵力削減、ニクソン大統領のグアム・ドクトリン、フィリピンからのアメリカ軍撤退、中国の核武装を阻止できず、北朝鮮の核開発プログラムにもアメリカはストップをかけることができなかった。

一九六九年、七一年、九六年に実施された世論調査では、日本が重大な危機に直面した場合、アメリカは守ってくれるのかという問いに、「信じている」と答えた日本人は半数をしたまわっていた(140)。ごく最近、アメリカの核の傘が疑問視されているのは、防衛予算の緊縮、核抑止力があまり強調されなくなったこと、ロシアのウクライナ侵攻阻止の失敗、シリアに対しては化学兵器の使用をめぐるレッドラインを無視したにもかかわらず、オバマ大統領はシリア攻撃を決断できなかったことなどを理由にしている。

ウクライナとシリアの場合、アメリカが安全保障上の確約をしていないのは日本の戦略担当者にもわかっている。日本の状況にもっと類似しているのは、アメリカがパートナーの防衛支援にかけつけることができない場合、たとえば中国の脅威を受けたときの台湾のような状況だ。このシナリオでは紛争をともなう必要はない。アメリカの専門家が断言したように（第3章参照）、ワシントンが国益を最優先して台湾を見捨てれば、自分たちが侵略を受けた場合、アメリカのコミットメントはどこまで

＊　アクセス（接近）阻止は、長距離能力で敵対者が作戦領域に入ることを阻止する能力。エリア（領域）拒否は、短射程能力で作戦領域内での敵対者の行動の自由を制限する能力。弾道ミサイル、巡航ミサイル、対衛星兵器、防空システム、潜水艦、機雷などの兵器が用いられる。

もちこたえるのかという当然の疑いを日本はもつようになるだろう。

アメリカが台湾防衛にコミットメントするという条約を締結していない事実——日本とはこの点で異なる——のせいで、おそらく感覚的な認識が喪失しているのだ。アメリカの貿易相手国として中国がその立場をますます強化していることで、[141]すでに日本では、いずれアメリカは日本を差し置いて中国を選ぶのではないのかという悪夢を見るまでになっている。

日本の安全保障の専門家のなかには、アメリカが確約する抑止力に関し、核兵器の役割が低下している点に不安を覚えている者がいる。二〇一三年、安倍首相がオバマ大統領に伝えた「揺るぎのない核の傘[142]」が彼らの望みなのだ。二〇〇八年のアメリカ大統領選挙の際、日本の外務省は民主党と共和党双方の陣営に高官を送り込み、それぞれの党の候補者に対して、配備可能な核兵器は一〇〇〇発以下に削減すると提案しないように頼みこんでいた。[143]オバマはその後、新START（新戦略兵器削減条約）を締結、二〇一八年までに配備する核弾頭の数は一五五〇発にまで減らすことが決まる。

だが、二〇〇九年四月五日のプラハ演説でオバマが述べていた核なき世界への取り組みは、日本の核政策にともなう両面性をさらに際立たせることになった。日本の大半の市民が軍縮という展望に共感していた一方、為政者はオバマが突出する核兵器の低減を強調するたびに、核の傘が弱まる不安を覚えていた。二〇一〇年の「核態勢の見直し」*（NPR）の報告書において、アメリカ当局者は核以外の生物・化学兵器の攻撃に脅える日本の懸念に考慮し、アメリカの核兵器はアメリカとその同盟国に対する核攻撃を抑止することにあるという、いわゆる「唯一の目的」という文言を採用することはなかった。そのかわりに報告書では、死活的国益を脅かす非核兵器による攻撃を抑止するうえで核兵器の役割は維持されるものとされていた。

ＮＰＲの準備中、ワシントンを拠点とする日本の外交官が、潜水艦発射式で核を搭載した対地攻撃型トマホークミサイル（ＴＬＡＭ－Ｎ）の退役を半非公式のうちに押しとどめたといわれている。二〇〇九年十二月二十四日、外務大臣の岡田克也はアメリカ国務省および国防総省の両長官に書簡を送り、この要請は日本政府の方針ではないと伝えるとともに、核軍縮を支持する自身の見解を力説した。[144]クリスマスイブに送られた手紙は物議をかもし、自民党の政治家と安全保障担当の上層部の各方面から酷評され、国の安全保障を損なうという非難を浴びた。抑止をめぐる一連の「エスカレーションラダー」（事態緊張のはしご）として、それではＴＬＡＭ－Ｎにかわり、はしごの低い段にはどのような手段を用意するのかと彼らは問いただした。

アメリカはこうした見解を注意深く検討すると、問題となったミサイルの正式な退役に先立ち、そのかわりとして近代化改装を終え、グローバルな展開が可能な核搭載の爆撃機を配備する約束を交わした。[145]日本の防衛政策の研究者鶴岡路人の論文では、「東京ではＮＰＲに関して十分な情報と意を尽くした助言を得て、強い合意ができていた。（略）この結果、合衆国の核態勢をめぐる日本側の懸念、とりわけ拡大抑止に対する悪影響についてはほぼ解消された[146]」。二〇一三年三月、核搭載が可能なＢ－52戦略爆撃機、Ｂ－２ステルス戦闘爆撃機を朝鮮半島上空にアメリカが派遣したことは当事国で

＊国防授権法で義務づけられたアメリカの核政策・核態勢に関する包括的な見直しで米議会に報告される。二〇一〇年のＮＰＲは一九九四年、二〇〇二年に次ぐ三回目の報告書。

ある韓国のみならず、日本にも大きな安心を与えた。

ジョージ・ブッシュによる一九九一年の大統領核イニシアティブに基づき、アメリカ海軍の水上艦艇と攻撃型潜水艦には核は搭載されていない事実を考えると、TLAM-Nをめぐる議論は非常に奇妙なものに思えてくる。核兵器使用へのタブー視や通常兵器の精度と破壊力の向上を踏まえると、アメリカの歴代政権は核兵器より通常兵器による抑止のほうが、現実性と信頼性にまさると認めてきた[147]。日本の防衛において、アメリカの運用能力と通常兵器を使用するという「意思」は非常に重要な基準だ。なぜなら日本が案じているのは、高まりつつある中国のA2／AD戦略にともなう能力と挑発だからである。二〇一〇年三月の北朝鮮による韓国海軍のコルベット天安沈没という救いがたい事件ののち、黄海での米韓合同海軍演習を見合わせるようにという中国の要求をアメリカが明らかに受け入れていた一件など、その好例にほかならないだろう[148]。

日本のもうひとつの懸念は、「グレーゾーン」にある中国の挑発行為であり、日本のある戦略家の言葉によれば、グレーゾーンとは「純然たる平時でもなければ、領土権と領土的利益をめぐる偶発的事件でもない[149]」というものであり、たとえば、中国は海警局の公船を定期的に派遣し、尖閣諸島（中国名：釣魚島）周辺の日本領海を侵犯させている。これが拡大抑止の問題であることをはっきりさせようと二〇一五年四月に発表された二国間防衛協力の最新の指針では、「切れ目《シームレス》のない、力強い、柔軟かつ実効的な同盟としての対応」が強く打ち出されていた[150]。日本人にとってこれが意味するのは、アメリカはグレーゾーン状況に第一日目から関係しているという点だ[151]。

二〇一四年五月、訪日したオバマ大統領は、尖閣諸島は日本の統治下にあることを理由に尖閣も日米安全保障条約第五条の適用範囲内と明言して日本の不安を取り除いた。尖閣の最終的な主権についてアメリカが明言を避けると考えた者もいたので、この発言はそうした見方を超えるものになった。[152]アナリストのなかには、フォローアップの記者会見で、大統領がこのコミットメントは国際法が破られるたびにアメリカが軍事的にかかわることを意味するものではない——とそんなことを話すのではないかと考える者もいた。[153]二〇一三年二月、安倍首相は、尖閣防衛に関して日本は第一義的な責任を負うとすでに明らかにしていた。[154]オバマのアジア-太平洋〝基軸《ピボット》〟戦略あるいは〝再均衡《リバランス》〟戦略は、コミットメントと持久力の面で日本に安心を与えることにも役立っていた。日本に駐留するアメリカ軍は——二〇一五年時点で海軍を含め五万四五〇〇名——沖縄の海兵隊再配置計画にともない九〇〇〇名の要員が減少するものの、アメリカの軍事プレゼンスにはいささかのかげりも生じていない。

アメリカ国防総省は、中国のA2／AD戦略に対し、エアシー・バトル作戦構想を策定、現在の「国際公共財におけるアクセスと機動のための統合構想」である。この構想では紛争中、中国本土に対する早期攻撃をともない、レーダー、指揮統制センター、ミサイルサイトなどの中国のいわゆる〝キルチェーン〟を排除する。紛争の段階的拡大をもたらしかねないため論議の多い構想だが、同盟国や仮想敵国のいずれに対しても、アメリカの拡大抑止は弱体化しないというシグナルを送るうえで役に立っている。[155]

さらにワシントンは、抑止力に向けられた日本の懸念に、抑止戦略や運用に関する定期的な話し合いを通じて対処している。二〇一〇年の「核態勢の見直し」（NPR）の公表に先立ち、アメリカは有効な話し合いの場を設けてフォローアップしようと、この年、両国は日米拡大抑止協議（EDD）

を実施した。同様な協議会は韓国とのあいだでも始められている。日本の当局者の話では、抑止力の確実性に対する信頼を維持するうえでこの協議会は大きな貢献を果たしているという[156]。

現在の情勢下では、アメリカが日本を見捨てるなどおおよそ考えられる話ではない。アメリカ−日本の同盟関係はかつてないほど健全な状態にあり、また圧倒的多数の日本国民、日本の安全保障政策の中核たる政策コミュニティーもそのようなものとして考える[157]。世論調査では、アメリカの軍事的義務に対する信頼性は冷戦当時よりも高い[158]。二〇一五年の調査では、日本人の七五パーセントがアメリカを信用すると答えた[159]。

強い同盟関係は日本が別の形で核を手に入れるシナリオと一致していて、そのシナリオはアメリカとの協力によって成立する。日本において核を提唱する者の多くは、日本の核装備がアメリカの抑止力を補強するものと見なし、アメリカに反する一方的な戦略ではないと考えている[160]。リチャード・サミュエルズとジェームズ・ショフの二人は、それがどのように展開するか三つのモデルを概略した。①アメリカの核兵器を巡航ミサイルとともに購入もしくはリース、ミサイル発射の拒否権はアメリカが保持、②アメリカのトライデントミサイルをリース、潜水艦プラットフォームの共同開発、核弾頭の設計協力を行うという、イギリス型の抑止と同様の核戦略モデル、③日本が危機に遭遇した際、日本領内にリースによるアメリカの核兵器をアメリカの管理のもとで配備するという、NATO型と同様の方法[161]——である。

①と②——おそらく③もほぼまちがいなく——は、ミサイル技術管理レジームのみならず、どちらも核拡散禁止条約にも抵触している。そして、三つのモデルがいずれも可能となる唯一の状況とは、

米中関係が修復不能なほどの破綻に陥り、韓国がある程度の核を保有することに対してもアメリカが認める場合に限られてくる。だが、それなりの立場にある日本の戦略担当者のなかには、なんらかの形でアメリカとの核兵器の共有《ニュークリア・シェアリング》を心に描いている者がいたとしても決して不思議ではないだろう。

核保有を抑制する要因

能力と相応の動機をもちながら、日本が戦後一貫して非核保有国であり続けてきたことは、揺るぎない規制の力が作用していることを示している。過去五〇年、どのようなときであれこの国が核を目指してこなかった理由こそ、今日でもこの状態を理解する手がかりであるのは変わらない。これまで何十年にわたって行われてきたいずれの国内研究も、社会的、政治的、経済的、そして戦略的な要因がひとつになって、変わらずに核保有を押しとどめてきた事実を突き止めた。元国務省の高官で日本に精通するケビン・メアは次のように語っていた。「日本政府が核兵器を開発するか、われわれは何も心配してこなかった[162]」。

揺るがない「核アレルギー」

広島と長崎への原爆投下から七〇年を経たいまも、日本の文化と社会には核兵器への嫌悪感が深く刻み込まれたままだ[163]。元東京都知事の石原慎太郎のような核兵器開発を言い張る右派の人物は、政治的な面では周辺にとどまる。二〇一三年春、北朝鮮が三回目の核実験を実施して一連の挑発的な脅し文句を弄したときも、世論調査の結果は核兵器の保有に賛成が二四パーセント、反対が七三パーセントだった。しかもこの調査は保守的なフジテレビが行っていた[164]。

「核アレルギー」という侮蔑交じりのこの言葉を一九五四年に初めて使ったのが当時の米国務長官ジョン・フォスター・ダレスだった。この年、日本のマグロ漁船第五福竜丸がビキニ環礁の水爆実験で大量の放射線を浴び、噴出した反核抗議運動をダレスはそう表現した。そして、この一件に触発されて誕生したのが映画『ゴジラ』シリーズである[165]。以来、この〝アレルギー〟は日本人のＤＮＡの一部をなしている。今世紀を迎え、核保有を論じることに対する国内のタブーはなくなったとはいえ、核兵器の保有を主張する者に向けられた一般の反応は、きわめて否定的であるのは変わっていない。核潜在力や核ヘッジングは社会的には許容範囲のうちにはあるにしても、求めてこの選択を実行することはない。

核兵器反対に関する道義上の根拠として新たに加わったのが、福島の事故後に醸成された反原子力エネルギーの風潮だ。外務省のトップ外交官だった佐藤行雄の話では、「この大事故によって、日本の一般市民、とくに家庭の主婦は核に関してことごとく反対するようになった[166]」。佐藤は国際関係問題のシンクタンク、アトランティク・カウンシルで、核兵器に関する議論が日本で繰り返されているなど誇張にすぎず、そのような議論はごく一部の少数派が進めているだけだと語った[167]。論議が進んでいるのは、むしろ原子力そのものの存続をめぐる話だ。

核兵器をめぐる社会的な拒絶は、とりわけアカデミックな世界と科学者のコミュニティーで激しく、そのなかには原子力技術の分野も含まれ、平和主義者であると同時に情報のリーク源にもなる場合が少なくない。かりにタカ派の首相が断固たる思いで核兵器製造を決断しても、科学者とエンジニアは同意することを拒むだろうし、内部告発をする人間も出てくるはずだと、外務省の元高官、金子熊夫は考えている。日本の社会がもつ公開性こそ、核兵器開発プログラムに対するもっとも有効なブレーキだと金子はいう。[168]国際関係の研究者ジャック・ハイマンズは、このような平和主義を奉じる科学者や核保有反対派を〝拒否権プレイヤー〟と呼び、日本では福島の事故以降、その数をますます増やしている。[169]社会的な透明性と、日本に置かれた国際原子力機関（ＩＡＥＡ）の東京地域事務所による厳しいモニタリングとがひとつになり、この国が秘密裡に核兵器を開発することを事実上不可能にしている。

経済上の制約と地理的な足かせ

韓国の核保有を阻んだ経済的要因は、日本にもそのまま当てはまる。オーストラリア、カナダ、フランス、イギリス、アメリカと結んだ二国間原子力協力協定はいずれも核不拡散に厳しい条件を課している。民生用の原子力プログラムが軍事に転用された場合、輸入した燃料物質や装備は輸出国に返還しなくてはならない。ポスト福島以降の反原発への風潮と厳しさをさらに増した安全対策で日本の原発の大半の稼働再開が不能になれば、この条件による締めつけも緩和されていくかもしれない。しかし、完全に脱原発を日本が遂げるか、それとも魔法の聖杯を手に入れ、永遠のリサイクルを続けるクローズド核燃料サイクルでも開発しないかぎり、燃料や装置の供給を差し止めるという脅しは、日本に対して相当な抑制効果を一貫して発揮するはずだ。

核拡散防止条約（ＮＰＴ）体制に挑戦する決断には経済上の対価がともない、科される制裁措置で貿易面に損失が発生する。ただ、日本の対外貿易への依存度は韓国より低く（二〇一四年の時点で、対GDP比では日本三三パーセント、韓国七八パーセント[170]）、対韓国のケースよりも抑制効果は劣るものの、それでも無視できるような些末な要因ではない。戦後の日本は先の軍国モデルを否定、経済発展を最優先し、安全保障に関してはアメリカへの信頼に重きを置いた「吉田ドクトリン」（戦後の総理大臣吉田茂による方針）に基づいて全面的な発展を遂げてきた。この路線からはずれ、核抑止力を得るために経済的な対価、あるいは核を手にしなければ得られていたかもしれない機会費用、さらに核保有にともなう間接的な対価を背負い込むなど、この国の精神構造に異常をきたすような激変でも生じないかぎりありえる話ではないだろう。

核兵器の保有は実現可能なのかどうか、日本政府の意向を受けた研究ではいずれも地形上の制約から逃れられないことを示していた。狭隘《きょうあい》な国土に加え、集中した人口を抱えるこの国が、かりに中国もしくはロシアといった広大な国土をもつ国を相手に核競争に足を踏み入れたにせよ、先制核攻撃を受けてしまえばなすすべはない。そのため、同じような地形上の制約を抱えるイギリスやイスラエルのように、日本も第一撃を生き延びられる潜水艦を開発して、第二攻撃能力を備える必要があるだろうと考えられてきた。

日本の場合、先制核攻撃に生き残り、報復の核攻撃ができる潜水艦を開発するまでにおそらく一〇年は要する。現在、この国がもつ潜水艦はミサイル発射能力を備えておらず、ディーゼルエンジンで推進するため、騒音や任務期間が制限されるなどの問題がともなう。ただ、原子力推進で核兵器を装備した潜水艦の開発期間中、日本は先制攻撃にきわめて無防備な状況に置かれる。また、地理的な制約という点では、核実験を実行しようにも実験場となる無人の土地がないこと、核兵器を安全に貯蔵する施設や配備先もなく、運搬手段体系も日本は保有していない[171]。

安全保障を揺るがす最悪のシナリオ

日本の核国産プログラムは軍拡競争をあおり立て、この国の安全保障を強化するのではなく、むしろ弱体化させてしまうことになるだろう。中国にすれば、日本の核開発はきわめて挑発的で、中国の核兵器や通常兵器の増強をむしろ加速させる可能性さえある。状況によってはロシアもまた同様な反応を示すかもしれない。それでも日本が核兵器の開発を進めるなら、北朝鮮の核の先制攻撃という危険も高まっていくだろう。日本の核武装をきっかけに韓国もまた独自の核兵器備蓄へと踏み切ることで、周辺地域の緊張はますます高まり、不安定に拍車がかかっていく。

核不拡散の力強い擁護者であったはずの日本が核拡散防止条約から離脱することは、この条約そのものの破綻であり、核なき世界の見通しがもはや終わりを迎えることを意味する。そして、核拡散防止条約が破綻すれば、他の地域でも核兵器の保有を望む国、少なくともヘッジング能力を行使しようとする国が増えていくだろうし、こうした状況に陥ることで、日本の安全保障と通商上の利益にはむしろ弊害をもたらす可能性が高まる。

日本が核を追求した場合、中国、ロシア、朝鮮半島からの安全保障上の反発が深刻化するだけではなく、アメリカが日本を見放すか、もしくはそれをうわまわる厄介な事態へと進展していくことも考えられる。石破茂は核ヘッジング戦略の忌憚のない提唱者だが、次のような理由から現実の核武装については釘を刺す。「日本が核兵器をもつことは、私たちはアメリカの核抑止力を信用していませんよといっているようなもので（略）、そうなれば米中双方を敵にすることになり、これは最悪のシナリオだ[172]」。

国家安全保障の研究者で元国防次官補代理のブラッド・ロバーツもこの危険性にはまったく同様な指摘をしている。「独自の核抑止力を求める日本の決断は、おそらくアメリカの信頼性に対し、確信が欠如していることの現れなのだろう。日本が核保有を決断した場合、日米同盟をなぜ、どうやって存続させていくか予想するのは容易ではない[173]」。ブラッド・ロバーツのこの見解はアメリカのアナリストのあいだに見られる主流の考えを反映している[174]。もちろん、この見解を誰もが受け入れているというわけではない。安全保障政策が専門のエルブリッジ・コルビーは、アメリカが核不拡散に重点を置くかどうかは、日本の核保有で勢いを増すはずの中国に対する戦略地政学的な考えしだいだと主張する[175]。

日本の核保有を認めるという判断は、自己充足的予言のあやうさ——つまり予言された状況を現実に作り上げてしまう危険をあえて冒すようなものだ。二〇〇三年初め、当時副大統領だったディック・チェイニーと上院議員のジョン・マケインの両名は、北朝鮮が核兵器の開発に踏み切った場合、日本も独自の核オプションを求めざるをえなくなると発言した。保守派のコラムニストとして影響力をもつチャールズ・クラウトハマは、中国が核開発計画を中止するようピョンヤンに圧力をかけなければ、アメリカは日本が核抑止力をもつのを是認すべきだという記事を書いた[176]。さらに三年後、ジョージ・W・ブッシュ大統領の元スピーチライターも同じく、中国と北朝鮮に対して「日本の核」というカードを行使すべきだと説いた[177]。

日本の核保有推進派は、一連のコメントは自分たちの考えに対するアメリカのお墨付きと受け止めた。大量破壊兵器を研究する古川勝久は、「暗黙にせよ、自明であるにせよワシントンの承認」は日本が核能力を開発する決断を促すうえでもっとも重要な要素だと考える[178]。だが、戦略研究家のカート・キャンベルと日本経済新聞社の春原剛《すのはらつよし》は、日本カードがいかに心そそる切り札にせよ、「アメリカの指導者や政権内外で影響力のある評論家が、日本の核保有を現実に支持するシグナルを送るなど、まかりまちがってもあってはならない話だ[179]」と断じた。

日本に核が姿を現す日

中国が核実験を実施した一九六四年、そして二〇〇六年に北朝鮮が核実験を行ったときも、日本は自前の核抑止力をもとうとはしなかった。いずれの場合も、アメリカの抑止力を通じ、さらに確実な安全保障上のオプションが得られた。それだけに、日本が同盟関係の信頼性に深刻な疑いを抱いていなければ、今後、日本の安全保障をめぐる状況がさらに悪化したとしても、日本の核武装に火をつけることはないと予測するのはきわめて筋が通っている。

歴代アメリカ政権のアジア重点政策や核抑止力を協議する各種のフォーラムが実施されている点を踏まえれば、現在の日本が同盟関係になんらかの疑いを抱いている理由も存在しない。かりに疑いを覚えたにせよ、日本政府は最初にヘッジング戦略を用いて、ワシントンに対してふたたびコミットメントするように仕向けてくることが予想される。

このヘッジング戦略は、あるがままのものとして理解すべきものなのだ。つまり、それは外交上の切り札であり、その目的は東アジアにおけるアメリカの継続的なプレゼンスを確実なものにするとともに、かりに状況が劇的に変化したとしても、将来にわたって有効なオプションを維持するひとつの方法なのである。こうしている現在も、このオプションはウラン濃縮と再処理プログラムを手段にして維持されてきたが、それにもかかわらず、その手段が強化されるとか、あるいはスケジュールの短縮化が図られるなどといった目に見える一歩が踏み出されることは一度たりとしてなかった。そのかわりに目にするのは、まったく逆の方向に向かっている政策決定で、そうした決定には固体燃料で推進するM－Vロケットの開発プログラム中止や兵器級の核分裂性物質をアメリカに返還することなども含まれる。

近い将来において、この国で核兵器がその姿を唯一現すとするなら、日本政府が非核三原則を修正した結果、アメリカの核搭載艦船や航空機が日本に一時的に立ち寄ったときのことになるのだろう。

第3章

台湾

日本や韓国と同じように、中華民国（ＲＯＣ）も潜在的核保有国とたびたび見なされているのは、この国も核兵器を開発するうえで必要な技術的なベースを備えているからである。そして、深刻な安全保障上の不安と権威主義政府のもとにあった戦後のある時期において、二度にわたって核開発の道を踏み出した点でも韓国とはよく似ている。今日の台湾では、権威主義体制はすでに昔の話だが、安全保障上の不安の原因は現在でも変わっていない。

台湾が直面しているのは、国の存在を揺るがしかねない脅威であり、その点では世界のどの国とも比べようはなく、中国本土への脆弱性は日ごとに拡大している。とはいえ、その核不拡散体制には揺るぎがない。ただ、不文律であるアメリカの防衛義務がかげり出したり、プラス方向で進んできた両岸関係に劇的な変化が生じたりした場合、ふたたび核兵器追求に向かう可能性は無視できない。もっとも、当面はそうした事態に陥る見込みはまずないだろう。両岸関係が時を置かずマイナス方向へと流れを変えたにせよ、それで事態が急変して、台湾が非核保有の状態から転じるとは考えられない。

蔣経国の極秘核プログラム

核兵器プログラムが台湾で秘密裡に始まったのは一九六四年終わりごろと考えられている。この年十月、中華人民共和国（PRC）が実施した原爆実験を契機にしていた。開発開始に先立つ一〇年前から、アメリカの「平和のための原子力《アトムス・フォー・ピース》」プログラムを通じて、台湾では民生用原子力の基盤整備が始まっていた。中国が核実験を実施した衝撃、そして大陸に反攻して中国の核施設を破壊する案をアメリカに拒絶された憎悪から、台湾の政権はひそかに核兵器開発に着手していた。開発プログラムは「新竹計画」と呼ばれ、台湾の国防研究開発センター、中山科学研究院（CSIST）による予算一億四〇〇〇万ドルの提案に基づいて、科学研究院と同一の敷地内に新設された核能研究所（INER）で始められていた[1]。

この兵器プログラムは、一九六八年に署名した核拡散防止条約（NPT）に抵触しないと台湾では考えられていた。台湾の理屈では、この条約では効力発生以前に核を爆発させた国には核の保有が認められている。中国は一九六四年に核実験を成功させ、そして台湾の国民党政府は台湾こそ全中国を代表する合法的政府と考えていたことから、条約が拘束する非核保有国の位置づけから自国は免れると考えていた[2]。

一九六九年、核能研究所はカナダから研究炉として出力四〇メガワット（MWt）の重水炉を購入、この炉は一九七三年に稼働を始めている。兵器級プルトニウムの抽出には理想的な設備で、一九七四年にインド初の核実験で使用されたプルトニウムもこれと同型の原子炉で生産された。フル稼働すれば台湾の研究炉で年産一〇キログラム以上のプルトニウムが取り出せ、これは二発分の核兵器を製造するには十分な量だった[3]。核能研究所は、海外から関連設備を調達することで、重水製造プラント、燃料加工プラント、プルトニウム抽出の研究・実験に必要なホットセルを建設、この施設は一九七五年もしくは七六年に稼働を始めていた。これをうわまわる規模の再処理施設建造に必要な装置は確保できなかったが、フランスのメーカーを通じて小型の再処理プラントを台湾は入手することができた。この「プルトニウム燃料化学研究所」は金属プルトニウムを製造できる能力を備えていたのだ[4]。

実は、中国の核実験に先立ち、台湾ではすでに核兵器開発が検討されていた。一九七五年、台湾の立法府に相当する立法院での演説で、当時、国民党総裁の蔣経国は核兵器に関する研究は一九五八年にスタートしていたと話している（このころ中国の核兵器開発は着々と進行していた）。さらに蔣経国は、そのとき自分は兵器開発を主張したが、父親で中華民国総統の蔣介石は「同胞を傷つける」兵器は使用したくないことを理由に開発を拒んだとつけ加えた[5]。一九五八年の金門砲戦の最中、中華民国軍はアメリカの核兵器の入手を検討していたことが一九六一年に報告されている[6]。一九五八年初め、アメリカは台湾の南西海岸に位置する台南空軍基地に戦術核兵器を配備していた。この核は一九七二年のニクソン大統領の訪中の期間中、もしくはその直後に交わされた誓約にしたがって一九七四年に撤去されている[7]。

台湾の核開発事業を知り、アメリカのインテリジェンスコミュニティーがまず驚いた。しかし、一九七〇年代初頭までにはアメリカは疑念を抱くようになり、使用済み核燃料の再処理施設建造にともなう台湾の資材の調達活動を阻むようになっていた。情報機関の活動に加え、アメリカとしては台湾の核開発プログラムをめぐり、通常とは異なる対応をとらざるをえなかったのだ。中国の国連加盟で台湾が国際原子力機関（ＩＡＥＡ）や国連のその他の関連機関から追放されて以来、一九七二年には三者間協議に基づき、アメリカは台湾に対する保障措置を行う管理権限を引き継いでいた。一九七四年、アメリカの中央情報局（ＣＩＡ）は「台北が進める小規模な核プログラムは明らかに兵器オプションを念頭に置いたもので、おおよそ五年後には核爆発装置が組み立て可能な状態に達する」[8]と結論づけていた。

一九七六年初頭、国際原子力機関が約五〇〇グラムの金属プルトニウムを含む燃料棒一〇本が紛失していることに気がつくと、この事実は燃料棒からプルトニウムが抽出されたのではないかという疑いに火をつけた。ワシントン・ポストはこの年八月、台湾はすでに再処理を開始していると報じたが[9]、この記事に関してはいまもって事実が確認されていない。記事の情報源である国際原子力機関保障措置局のトップ、ルドルフ・ロメッチはアメリカ当局者に対して、自分が口にしたのはいずれ核能研究所では再処理が行われるだろうという話にすぎないと語った。だが、アメリカ政府の研究者には、再処理はすでに進められていると考える者がいた。一九七六年、アメリカのある情報機関の調査でもまた、台湾の核科学者はコンピューターを使い、「第一世代核爆発装置用に、広範囲に及ぶ理論的な設計計算」を行ったと断言していた[10]。

九月には駐台大使のレオナルド・アンガーが計画をめぐって台湾の首脳部と直接対決、台湾政府から「これ以降、再処理に関連するいかなる活動にも関与しない」との再確認を得ていた。一九七六年十二月、台湾がふたたび再処理技術を入手しようと試みたことに抗議すると、蔣経国は「仕事に没頭するあまり、認可されていない活動にまで手を出した当局者がいたのかもしれない」とうそぶいた。

使用済み核燃料プールにトラップドアがあるのを国際原子力機関が見つけたのもこのころだ。このドアを使えば燃料棒を移し替えることもできた。蔣経国の断言では埒が明かず、アメリカ側の要求はエスカレートして、一九七七年には台湾はいっさいの核燃料サイクル事業を打ち切るべきだと主張する意見も出ていた。

だが、翌年の夏、台湾がウラン濃縮プログラムをひそかに進めていた形跡をアメリカはつかむ(11)。一九七八年、原子力発電所向け低濃度ウランの供給を打ち切るというアメリカの脅しに直面して、台湾にはもはや、再処理施設の開発への関与、あるいは再処理もしくはウラン濃縮を実行してはならないというアメリカの要求を受け入れるよりほかに手はなかった。研究炉を停止すると、炉心に装荷された燃料棒を一本残らず精査することをアメリカ側に許した。プルトニウム燃料化学研究所も撤去され、ホットセルは再処理機能を無効にするように改造、八六三グラムのプルトニウムがアメリカに返還されている(12)。

一九八〇年代早々、台湾の当局筋は核に関連した各種の協力を南アフリカ共和国と協議するようになり、そのなかには化学薬品、ウラン濃縮、小型原子炉の共同開発が含まれていた。当時、国防部参謀総長だった郝柏村は一九八二年十月の日記に、南アフリカは核拡散防止条約の制約を逃れているので、台湾にとってこの国にまさるウランの供給元はないと記していた。郝柏村の日記では中山科学研究院とイスラエルの協力関係についても述べられている。だが、二〇〇〇年に刊行されたこの日記で、台湾の原子力プログラムに軍事転用の意図があったのかどうか、その点については郝柏村も言及はしていない(13)。

台湾は一九八〇年代初期から核兵器の開発プログラムを再開したと考える研究者も存在する。一九七九年、アメリカは中華人民共和国と正式に外交関係を結ぶと、中華民国との国交は断絶、一九五四年に調印された米華相互防衛条約は失効した。[14] 一連の事態に、安全保障に向けられた台湾の不安とアメリカへの不信感が高まったのはまちがいなく、とりわけ、表向きとはいえ台湾への武器供与を削減するというワシントンの方針を盛り込んだ一九八二年の米中共同声明以降はなおさらだった。[15]

もっとも、一九七九年一月のアメリカの外交公電が記すように、台湾当局は、自国の核能力に関して、北京を憶測状態のままにしておくことに意義を認めたのが本当のところだったのかもしれない。この公電では、防衛問題シンポジウムにおいて、台湾の高官が核兵器開発の必要性について言及、「われわれは（アメリカとの）約束を厳密に遵守する必要も我慢する必要もない」と発言していた。[16] この間、台湾に駐在するアメリカの外交関係者は警戒を緩めなかった。郝柏村の日記では、一九八三年十一月、米国在台湾協会（ＡＩＴ）――一九七九年にアメリカ大使館にかわって設立――の台北事務所長ジェームズ・リリーは、郝に対して核兵器開発に関する台湾の取り組みに懸念を表明したと記されている。

そのような取り組みはないと郝は否定した。[17] だが、日記のなかで郝本人は、核能研究所の予備段階での躍進を誇らしげに記していた。核能研究所は〝化学的方法〟によって〇・七五パーセントのウラン濃縮を達成していたが、この開発事業はウラン濃縮には手を出さないという台湾の同意に違反する行為だった。郝は「おのれを奴隷に身売りする契約」だとこの同意を酷評していた。[18]

一九八六年四月、核能研究所の新所長に就任した劉光霽は郝柏村に対し、命令があれば核能研究所では短期間のうちに核兵器を製造することが可能だと語った。この能力をもつことは研究所としての義務であり、能力をもつことは核兵器を製造しないという方針に抵触するものではないはずだと答えていた。[19] 翌年、劉光霽は自身の言葉に誤りはないことを証明するように、研究所に命じて複合ホットセル施設の建設をひそかに始めていた。アメリカがこの動きを知ることができたのは、ＣＩＡへの情報提供者である張憲義を通じてであり、張は核能研究所の副所長を務めていた。一九八八年一月、核兵器プログラムに関する機密書類を携えて張憲義はアメリカに亡命している。総統に就任したばかりの李登輝にアメリカはこの情報を突きつけた。蔣経国の死去にともない、李登輝はこの年の一月に総統に就任したばかりだった。李登輝にはアメリカの要求をのむほかはなく、開発プログラムは同月で中止、複合ホットセル施設の解体に同意した。研究炉はふたたび閉鎖、コンクリートで封印されると、重水はアメリカに返還され、炉心も最終的には取り除かれた。

ワシントンからの中断指令

郝柏村の日記に台湾が制御核反応実験を達成と記述――二〇〇〇年、共同通信が配信したこの誤報を何名かのライターがこれまでに引用してきた。[20] 郝柏村の日記に実際に書かれているのは、一九八八年一月、米国在台湾協会の事務所長デビッド・ディーンが郝に対し、アメリカの人工衛星が台湾の核施設において小規模な実験的爆発を探知したと語ったというものだ。[21] これが何を意味するのか、詳しい情報は公的には出回っていないものの、プルトニウムを使わない未臨界実験（コールド試験）であったのかもしれない。台湾には核反応を引き起こすだけの核分裂性物質は皆無で、あるにしてもごく微量にすぎず、また所有するようなことがあれば、アメリカも台湾に対する制裁に踏み切らざるをえなかっただろう。

郝柏村の日記では、国が主導する核兵器プログラムの存在はきっぱりと否定されている。むしろ郝本人はヘッジング戦略について主張しているぐらいだ。「能力は維持するが、核兵器の開発はしないというのがわが国の方針である」[22]と書かれてはいるものの、兵器開発に向けてなにがしかの活動を進めていたことは本人も認めている。「核兵器を製造しないのは揺るぎのない確固たる方針である。もちろん、これまでの成果を放棄できない少数の科学者もいるだろうし、それは国の方針に抵触するものではない」[23]。一〇年前の蔣経国同様、そのような活動は正式に許可されたものではないと主張することもありそうになかった。

研究炉によって使用済みの核燃料から生産できた兵器級プルトニウムはおおよそ八五キログラム、核兵器一七発を製造するには十分な量だったが[24]、このプルトニウムが兵器を目的に分離されたものであるかは現在もわかっていない。プルトニウムを分離したことはないというのが台湾当局の主張だ[25]。台湾は一〇七五グラムの分離プルトニウムを所有していたが、これは一九七四年にアメリカから提供されたものだ。一九七六年の中頃の時点で、うち五〇〇グラムのプルトニウムを加工、アメリシウムの抽出が目的だというのが台湾側の主張だった[26]。

大半のプルトニウムはサウスカロライナ州のサバンナリバー核施設で貯蔵するため、一九八七年から八九年にかけてアメリカに返還された。これらの燃料棒には約一・二キログラムのプルトニウムが含まれているが、安定化が図られ、核物質は閉じ込められて監視状態のもとで保存されている[27]。台湾は優に二～三発の核兵器に加工できるだけの十分なプルトニウムをもっている――一九八八年に訪台したイギリス人の研究者はそんな話を聞かされた。話の出所は台湾国内だが信憑性には欠けている。[28]新竹計画が中断していなければ、台湾は数年以内で核兵器を製造していたのかもしれない。ただ、どれだけその状態に近づいていたかは推測の域にとどまる。核廃絶運動を進めるアメリカ科学者連盟の元会長ジェレミー・ストーンによると、「きわめて高い地位にあった当局関係者で状況を直接知りえた人物の話では、（張憲義がアメリカに亡命する以前の時点で）研究者はコンピューターによるシミュレーションを終了、完璧に作動するかどうかは確かではなかったものの、一九八八年の段階では、爆弾完成まであと六カ月だと研究者は考えていた[29]」。

しかし、一般に考えられている評価は、完成までに二年を要するというものだ。伝えられるところでは、一九七〇年代後半、当時国務省の台湾担当ディレクターだったバートン・レビンは台湾外交部の高官に対し、アメリカ政府は、台湾なら二年から四年で核兵器製造が可能だと考えていると語っていたという。[30]台湾の再処理能力が、一般に知られているよりも大きく劣るものなら、十分な規模をもつ新たな施設を建造する必要があったはずだ。そして、プルトニウムを再処理し、兵器として物理的な形にするにはさらに時間を要するはずだ。核能研究所の専門家が使用済み核燃料からプルトニウムを分離して金属プルトニウムに変えていく方法には通じていたにせよ、兵器化する作業が行われていたことを示す証拠には乏しい。[31]

プログラムの中断を命じるワシントンの指令は、この事業にかかわってきた者たちの激しい怒りをかき立て、張憲義が果たした役割が明らかになると、秘密の証拠をアメリカに手渡した売国奴だと多くの人間が張を見なした。もっとも、すべてがすべてそうだったわけではない。一九八八年、台湾立法院の呉淑珍と、呉の夫でその一二年後にはこの国の総統に就任する陳水扁は、良心の問題として国の秘密を明らかにしたと張憲義を讃えている。[32]

一世代を経て、この問題に向けられた台湾の見方は複雑だ。現在の台湾では核兵器の保有を主張する者もまれだが、それでもこの経緯を知る者には、アメリカの横やりで核の均衡を得られなかったと諦めきれない様子で一件を語る者がいる。その一方で、実は独裁者の軽率な野望から台湾を救った人物こそ張憲義で、この国が核兵器を保有していたなら、大陸との平和的な関係を構築するさまたげになったと考える者もいる。[33]

計算されつくした「現実主義と曖昧さ」

台湾経済は高度な原子力エネルギーで成り立ち、電力供給の一六・五パーセントが国内六基、総出力四九〇〇メガワットの原子力発電所（ＮＰＰ）でまかなわれている。原子炉はいずれも軽水炉で、金山、国聖、馬鞍山の三カ所で一九七〇年代から八〇年代にかけ、各地で二基ずつ建造されてきた。操業許可がそれぞれ二〇一八年、二二年、二四年に切れて廃炉作業が始まる。そのため、一九九九年から龍門で二基の改良型沸騰水型軽水炉の建造が始まった。それぞれ一三五〇メガワットの出力をもつが、度重なる訴訟問題や政策方針の変更で、以下で詳しく説明するように竣工は阻まれてきた。

台湾はウラン濃縮と再処理能力に関する知識はもっていない。核能研究所ではホットラボとウラン転換試験用の装置が運転を続けているが、ホットラボは研究炉の安定化プログラムとの関係で使われ、後者は〝中央倉庫〟として使われていた。[34]高感度の燃料設備なしで、核分裂性物質を生産することはできない。

アメリカが一九七八年以来主張してきた台湾の濃縮・再処理の禁止は、二〇一四年に改定されたアメリカ－台湾の原子力協力協定でも成文化されていた。この「123協定」にはいわゆる「ゴールド・スタンダード」が盛り込まれ、核の機微技術の実施を見合わせていた。これは二〇〇九年、アメリカがアラブ首長国連邦（UAE）とのあいだで交わした原子力協力協定で義務づけられた条項で、ワシントンはほかの国との協定にも同様の条項を盛り込もうとしていたが、アラブ首長国連邦が初めての締結国となった。こうした拘束が台湾にとって争点にならなかったのは、二国間に理解が存在していたからである。[35]台湾の123協定にもアラブ首長国連邦と同様な条件が含まれ、照射済み物質（使用済み核燃料のこと）の貯蔵や再処理のためにフランスや合意済みの目的地にふたたび移転することに関しては長期の事前同意が認められていた。

二〇一五年二月、使用済み核燃料の再処理を海外に委託するために公開入札が初めて実施されたが、[36]大規模な反核デモに遭遇して間もなく入札は中断された。二〇一五年一月の時点で台湾の使用済み核燃料は総計三四七一トン（うち二〇トンは未分離の原子炉級プルトニウムを含む）で、これまで原子力発電所内の貯蔵プールで保管されてきたが、金山、国聖はすでに満杯に近い状態だ。乾式貯蔵施設（ドライキャスク）の用意が急務だが、法的な異議申し立てや地元自治体の反対によって最終的な建設に遅れが生じている。

一九八八年の核兵器プログラムからの撤退が結局最後だった。一九九〇年代前半に起きた民主化移行と軌を一にするように、[37]規範への変化を反映してこの国の核をめぐる活動もすっかり平和的なものになった。時折、その後に起きた動きに関して新聞報道や予想外の疑惑がもちあがったが、決定的な証拠を欠いたまま話は立ち消えた。台湾の首脳部も時には核ヘッジングの継続に関して語ることはあったが、ここ一〇年はそんなこともない。

唯一疑惑が向けられたのは、一九九一年に研究炉で七名の作業員が実験中に過剰な線量の放射線を浴びるという事件だった。台湾の原子能委員会（ＡＥＣ）の役員はこの事件への言及を控え、実験は〝政府の機密〟に属するというコメントにとどめた。ジャーナリストのマーク・ヒッブスからこの件について問われたアメリカの当局者は、問題の作業には、使用済み核燃料棒を高品質のプルトニウムの材料として使用できないように再照射する処置が関連していたとほのめかした。[38]

研究をめぐる疑惑はこれだけではない。一九九〇年代前半、トリウム２３２の含有砂を中性子照射して核分裂性のウラン２３３を生成する研究を台湾は進めていたが、この研究は国際原子力機関（ＩＡＥＡ）あるいはアメリカに報告されてはいなかった。一九九四年から九五年に行われた未申告の活動をＩＡＥＡの査察官に調査され、その後、申告漏れの件は公表されることもなくひっそりと解決が図られた。それから数年後、マーク・ヒッブスの知るところとなる。[39] 二〇〇五年、原子能委員会主任委員の欧陽敏盛は、トリウム研究プログラムは不首尾のうちに中止になったと語った。[40]

二〇〇四年、台湾で未申告のまま実施されたプルトニウム実験について、国際原子力機関が最近調査を行ったと新聞記者が騒ぎ立てていた。使われた数グラムのプルトニウムは化学分析を目的にアメリカから輸入されたものだが、問題とされた実験は一九九八年に台湾が署名したＩＡＥＡの追加議定書の取り決めにしたがい、実際は原子能委員会によって申告されていた。[41] 台湾は、この議定書の指示を受けるだけの実質的な核プログラムをもつ最初の政府だった。この国の核プログラムの経緯と申告に関する詳細な審査を経て、二〇〇六年、IAEAは台湾にある核物質はすべて平和活動に使われているという〝拡大結論〟を引き出すことができたのだ。

追加議定書の条項に基づき、IAEAは台湾のプログラムを徹底的に調査したため七年の時間を要した。それを理由にこの間、台湾はIAEAの〝不履行《ノンコンプライアンス》〟リストに載っていると不当に言い張る評論家もいた。[42]七年という時間は、この国の経緯を踏まえて十二分な審査が必要だった事実を反映していた。たとえばトルコの場合、IAEAは一〇年かけて拡大結論を導き出していた。

二〇〇四年、中山科学研究院がもつ先端の冶金技術に西側諸国は懸念を示しているとマーク・ヒッブスは報じている。一九八八年に中山科学研究院は核開発活動を中止しているが、台湾国防部の研究センターであることに変わりはない。研究院の科学者らがいうには、高抗張力のマルエージング鋼でできた肉薄チューブは航空宇宙産業向けであり、核への利用には関係していない。だが、厳密にいうなら、この種のタイプの一般的なチューブは、ウラン濃縮技術であるガス遠心分離プラントのローターに利用できるのだ。[43]

一九七〇年代から八〇年代にかけ、プルトニウムによる兵器開発プログラムを追求していた時期でさえ、ウラン濃縮プログラムを手がけることは決してなかったと台湾の政府高官は語っている。[44]だが、こうした主張は、限られた成果だったとはいえ、郝柏村の日記に記されたウラン濃縮作業と矛盾している。今日においてさえ、核兵器にも使える台湾の技術的な中核能力《コアコンピタンス》をめぐっては、いくつかの疑念を引き起こしている。[45]

一九八八年以来、台湾の政府高官がときおり口にする核ヘッジングの言葉が、核オプションはいまも維持されているのではないかという疑念を深めてきた。台湾の総統選挙に影響力を行使しようと中国が六発の東風－15（DF－15）を台湾に向けて打ち上げると、一九九五年七月、李登輝総統は国会で「われわれは長期的な視野から（核兵器の）問題を再研究する必要がある」[46]と語った。だが、三日後、李登輝はこの発言を撤回、台湾は「核兵器の開発能力を有しているが、しかし（開発することは）断じてない」と表明した[47]。立法院国防委員会召集委員で台湾独立派の張旭成は一九九八年、さらにあからさまな調子で核ヘッジング戦略を表明した。「国の安全保障に関し、それにかわる保証がまったく認知できず、アメリカにも裏切られそうなら（略）、台湾が核保有へと向かう動機としては十分だ[48]」と語っていた。

世界に向けて自国の核能力をアピールするのは、ワシントンに対しては台湾を見捨てないようプレッシャーをかけ、北京に対しては、不当な重圧に直面することがあればこの島国には別の選択肢が存在することを思い知らせるための手段であるからなのだ。一九九八年に訪台したイギリスの研究者ジェラルド・シーガルは非公式のブリーフィングの席上、この国の高官が台湾は「核の敷居国」であると語り、核兵器に関しては〝オプション保留〟と〝現実主義と曖昧さ〟という計算されつくした点から話をしてくれたと伝える[49]。そして、折に触れて核ヘッジングを表明することは、防衛支出を押し上げる手段であるとも台湾では考えられてきた[50]。

核ヘッジング戦略は、兵器開発を再開したという、裏づけのとりようがない主張にも使える。一九九九年、香港の新聞は次のような記事を書いた。「一九九八年にインド、パキスタンが実施した核実験を受け、李登輝は国防部と科学アカデミーの双方からなる専門家グループを招集、台湾の原爆研究に関し、核兵器の評価、研究、開発過程を促進する見地から指針をまとめるように命じた」[51]。二〇一三年、この話は中国の軍事科学院の研究者が書いた論文で膨れ上がり、中山科学研究院ではコンピューターシミュレーションによる核実験に成功、すでに三〇億ニュー台湾ドル（ＮＴＤ：当時の米ドルで一億ドル）が核兵器プログラムに使われてきたと論文には記されていた[52]。

中国の研究者が何を論拠にこんな主張をしたのかは不明だ。台湾ではその前年、科技部担当を任命された原子核科学者が行政院国家科学委員会に対し、核分裂性物質の臨界について、コンピューター支援の数理的研究を行うよう指示している。提言は将来的な必要性に備えたもので、このようなモデリングは核拡散防止条約のコンプライアンスに準じている。だが、著者はのちにこの科学者と話す機会を得たものの、提言に関する話は何も出てくることはなかった[53]。

二〇〇四年八月、タイペイタイムズに核抑止力を求める通常の意見とは異なる論説が掲載された。大陸のミサイルによる猛攻に対し、台湾は二〜六週間以上もちこたえることはできないという説に言及して、この論説は「台湾が第一に必要とするのは、そもそも北京が何か行動を起こそうという気を起こさせないだけの能力である。この能力は攻撃側に大損害を与えるだけではなく、台湾に攻撃を加えることは、中国が喜んで払う金額をはるかにうわまわる額までその値段をつり上げる能力なのである。いうなればそれは台湾には核が必要ということだ。中国の十大都市と三峡ダムを殲滅できる能力は、中国の冒険主義に対する有力な抑止力となるはずだ[54]」と主張していた。

この論説を政府の隠された意図の証《あかし》だと見る向きもいた。アメリカ科学者連盟の元会長ジェレミー・

ストーンは、国家安全保障のアドバイザーである邱義仁が核保有の調査を目的に五人委員会を秘密裡に立ち上げたと主張する。またほかの情報ソースはストーンに、核能研究所は一九八八年の核兵器開発プログラムに携わった学士で、いま一度再処理に興味を抱く者をふたたび雇用したという話を語ったとされる。[55] ストーンの話をとりあげたのが台湾の著名な国会議員ネルソン・クーで、核兵器開発を内密のうちに計画する政府委員会が本当に存在するのかどうか立法院で問いただした。この質問に行政院長の游錫堃は否定をもって答えていた。[56]

その前月、大陸への報復能力が必要となる可能性をめぐる游錫堃の発言がきっかけで、核兵器疑惑が炎上していた。「恐怖の均衡」という言葉を使い、游錫堃は「相手が一〇〇発のミサイルをこちらに向けて発射したら、こちらは少なくとも五〇発は発射できるようにしなくてはならない。もし、相手が（略）高雄（港湾都市）に攻勢をかけるなら、こちらは上海に反攻できるようにしなくてはならない」[57]と游は話していた。当時、与党民主進歩党（DPP）の高官は、游が話しているのはミサイルにすぎず、核兵器ではないと断言した。[58] 当時、政府与党にいた別の人間は、核オプションに関して議論されるときもあるのは知っているが、こうした話を交わしたからといって何か事を起こすわけではないと語っていた。[59]

二〇〇四年十月中旬、AP通信が、八〇年代半ばまで台湾がプルトニウムの分離実験を行っていた証拠をIAEAは見つけたと配信すると、さらに激しい論争が噴出した。アメリカ国務省のスポークスマンは、台湾の原子力開発の歴史をどう査定するかはIAEAの職務だと語ると、APの記事は期間に関して正確さを欠いているかもしれないと注意を促し、記事が指摘する実験は七〇年代に行われていたものかもしれない可能性があると示唆した[60]。

二〇〇四年十一月十一日、総統の陳水扁は、台湾には「この種類の兵器を開発する意図は微塵もなく、中国には隠し立てすることなく、これら兵器の開発と使用を放棄することを強く求める」と語り、憶測に対して終止符を打とうと図った[61]。邱義仁は、この発言の後半が暗に伝えている条件にともなう疑いを一掃するため、陳水扁の声明は「片務的かつ不可逆のもの」である点をはっきりさせていた。この間にもＣＩＡと国務省はストーンの発言について調査を行ったが、発言にはこれという裏づけがまったくなかった[62]。

ＣＩＡと国務省は七〇年代から台湾の核活動に関して目を光らせていた。国務省についてはほとんどフリーパスに等しい状態だったといわれる[63]。ＩＡＥＡもこの国の民生用原子力プログラムのモニターを続け、二〇〇六年以来、台湾国内にある核物質はすべて平和目的のためだけに利用されているという判断を例年くだしてきた。核の入手方法、そして台湾が八〇年代末から透明度の高い社会性と報道の自由を謳歌している点を考えれば、この国がひそかに核オプションを追い続けてきたなど、その可能性はきわめて低いといえるだろう。

一気に拡大した反核感情

二十一世紀以降、台湾の政府関係者は明確な反核政策を打ち出すようになり、国防白書でも「五つのノー」――核兵器は、研究せず、製造せず、保持せず、蓄積せず、使用せず――として明記されるようになった[64]。そして、多くの人間が六番目の「ノー」――「反原発」を加えようとしている。二〇〇一三年には当時の政権与党である民主進歩党が「非核家園（核なき祖国）」政策をとりいれている。二〇一一年に日本で発生した福島の原発事故以降、この反核感情は一気に拡大した。近い将来、ふたたび台湾が核兵器の道に踏み出すことはなさそうな理由として、しばしば引き合いに出されるのが、核がらみの事案という事案に向けられたこうした世論なのだ(65)。

福島の事故後、総統である国民党の馬英九は稼働中の三基の原子力発電所は予定通りに廃炉にして、建設中の第四原子力発電所に関しても、安全性が確認されるまで竣工は見合わせると発表した。一見すると公約はゆるやかな脱原発を意味するようだが、廃炉の実施には電力供給量や電力料金に変更が生じず、また、台湾が誓約した炭素排出量の削減に影響が出ないことがはっきりしたうえで実施しなくてはならないという条件を馬英九はつけ加えていた。

二〇一四年四月、政府は龍門の第四原子力発電所の建設工事の停止を表明、その時点ですでに九九億ドルが投じられ、工事は九七パーセントまで進んでいた。そして、この原発の運命は公民投票に委ねられるべきであると発表された。ほかの原発についても、法案が通過しなければ操業延長が図れず、現行の法律では個々の原発の使用期間にしたがって閉鎖しなくてはならない。現在の情勢のもとでは、法案を通過させるのは難しそうだ。

二〇一二年の総統選の民主進歩党候補として立った蔡英文は、二〇二五年までに原子力発電所は徐々に廃棄すると宣言していた。二〇一六年一月の総統選でも蔡英文はこの方針を維持して選挙に圧勝している。党のスタンスも反原発を方針としているので、今後、民進党政権が核兵器オプションを追求する公算は低いだろう。

秘密開発は隠しおおせない

台湾が改めて核兵器を求める公算はきわめて低いものの、その可能性は完全に無視できるものではない。一九六四年に核兵器追求へと台湾を駆り立てた安全保障上の情勢、そして二〇年以上にわたって変わらぬ情勢——肉薄する大陸からの潜在的な脅威——は依然としてこの国の安全保障をめぐる光景のなかで最大のリスクとしてとどまり続けている。両岸関係は改善されてきたが、中台軍事バランスの点ではじわじわと悪化している。だが、台湾がアメリカの事実上の防衛を謳歌できるのであれば、中国との核の均衡を考える必要はないだろう。

したがって、台湾がふたたび核を考えるとすれば、次の二点をめぐる状況しだいとなるだろう。大陸の脅威がかなり差し迫ったものとして感じられるようになり、また中国への抑止としてアメリカが当てにできなくなった場合、台湾が自国で原子爆弾を保有しようとするのは動機として理にかなっている。しかし、そうであるにせよ、北京への挑発という点から考えるなら、やはりあまりにも大きなリスクだと見なすしかない。

台湾が核兵器の製造を決定した場合、おそらく八年[66]もしくはそれ以上[67]の時間を要するだろうと語る専門家がいる。こうした予測では、パキスタンや北朝鮮などの過去の開発プログラムのような秩序だった製造手順を前提としているようだ。ただ、パキスタンも北朝鮮も差し迫った存亡の危機に直面していたわけではなく、慎重な方法を選択できる時間的な余裕があった。一方、台湾の場合、安全保障の情勢は厳しさを増して、兵器化に関する決定は急ぐ必要があり、政府としては短期集中プログラムで乗り出していかざるをえない。このような緊急時対応プログラムでは、国でもトップレベルの才能をもつ人間が動員され、安全性よりも迅速さが優先されるので、荒削りの核兵器ならおそらく二年足らずのうちに製造できるはずだ。

緊急時対応プログラムに合わせ、ウラン濃縮ではなく、プルトニウムを採用したほうが完成は早まる。台湾はすでに四〇年前に再処理の核心部分を知りえているが、ウラン濃縮は一九八〇年代に計画が進められていたものの、実験レベルを超えるものではなかった。プルトニウム計画では鍵となる二名の科学者がいて、二人ともすでに故人ではあるが、助手として協力していた者を現場に復帰させて計画復活にひと役買ってもらえる。再処理に必要なかつての設備はほとんど残っていないが、関連資料はおそらくどこかに保管されているはずだ。再処理プラントの建造に要する時間は一年、並行して兵器の設計作業を進めるが、海外の兵器設計者に頼めば時間を短縮できる。次いで兵器製造でさらに数カ月を要することになるだろう。台湾が現有する陸上攻撃ミサイルは直径が小さくて粗製の原爆は搭載できないため、可能であるのは航空投下か、あるいは自死を覚悟した海上からの自爆攻撃となるだろう[68]。

ただし、こうした短期集中コースの場合、ＩＡＥＡの査察官や台湾国内の目、また海外の力ある国の目からは逃れ続けられない。この場合、計画がウラン濃縮であれば秘匿にしておくのは容易だろうが、機密保持が難しい台湾の政界や社会の風通しのよさを考えれば、やはり秘密裡に事を進めるのはおそらく不可能だ。台湾にウラン資源はなく、必要なウランを輸入すること自体隠しておけるものではない。そして、マンハッタン計画並みのプログラムなら、その予算は一〇〇億ドルにも達して、機密などますます保持できるものではなくなる[69]。

一三対一の圧倒的な軍事アンバランス

台湾がふたたび核兵器を求めるとすれば、その理由は前述した通りだ。つまり、大陸の脅威から身を守るためであり、一九四〇年代の国共内戦以降、台湾と大陸政府との不和は続いてきた。今日、誰が中国の支配者なのかという不和ではなく、その実態は台湾そのものの主権帰属をめぐる争いと化している。[70]この島嶼でいまもなお人口を増やし続ける住民の大多数は独自のナショナルアイデンティティーを抱いてきた一方で、中国本土は断固として台湾の独立を阻止する覚悟だ。

最悪の事態に転じた一九六四年のショックは唐突であり、それまでに例のない衝撃となった。中国の核実験で台湾の指導者は不安定な状況に追い込まれた。台湾と本土の統一を是が非でも遂げようとする中華人民共和国のいかなる試みにおいても、核兵器はおそらくそれとなく加担するだけにとどまらず、通常兵器を支援する脅威としてかかわっている。台湾の先端的なインフラと人口を取り込むためにこの国に対して実際に核を使うなら、中国はむしろ逆の結果を背負い込むことになる。[71]

台湾にとってさらに懸念される軍事的脅威は着実に増強する中国の通常戦力なのだ。すでに触れたように、台湾がこうした戦力を自分たちの生存を脅かす脅威と受け止め、同時にアメリカの保護がこれ以上当てにできないと判断されたとき、台湾はふたたび核オプションの追求へと引き寄せられていく。これら二つの要因がひとつに結びついたときこそ、台湾の住民のあいだに心からの恐怖が生まれ、この国が核の道へと踏み出すことを真剣に考えるようになる。それは十分にありえる話ではないだろうか。

両岸間の軍事バランスは着実に悪化してきた。中国の軍事予算は二五年にわたって二桁ペースで伸長、その結果、防衛支出より健康管理や社会福祉を優先してきた台湾と比べ、現在その差は一三倍をうわまわっている。幅一六〇キロメートルの海峡の一方の側に配備されている戦力には、中国政府によって台湾を射程におさめる一五〇〇発の短距離弾道ミサイルが存在する(72)。一九九五年夏と一九九六年三月には戦力を誇示しようと、そのうちの数発が台湾近くの海に向けて試射された(73)。さらに中国は台湾に向かい合う自国の海岸で陸・海・空による上陸演習を実施している。

軍事バランスの不均衡に加え、中国は人口でも五八対一の圧倒的な優位を誇り、経済力の点でも国内総生産（GDP）で一七対一の差があり（購買力平価ベース）、外交の優位性に関しても、中国の承認国一七四カ国に対して台湾の承認国二二カ国とその差は明らかだ。突出した兵員数に台湾の国防部は、二〇二〇年までに中国は台湾の防衛力を凌駕して、全面的な侵攻軍を送り込むことが可能になると予測している(74)。中台の不均衡を調べた外交アナリストには、台湾は間もなく本土への吸収につながる降伏か、あるいは自前の核による抑止力というどちらかの選択に直面すると結論したが(75)、これは観測筋の大半が共有している見方ではない。

この不均衡にこそ、台湾には中国を抑止する強力な手段が必要で、それには核兵器が一番ふさわしいというこの国の軍関係者のあいだで抱かれている思惑が存在する。引退した台湾のさる高官はこの必要性を「奥の手《シアーシオウヂィイエン》」と遠回しに語った。「奥の手」、すなわち圧倒的に優位な敵を一瞬で無力化させる〝暗殺者の剣〟である。やはり政府の元高官で現在はアカデミックな世界に身を置くさる人物の話では、こうした兵器なくして、人民解放軍の一斉攻撃に対して台湾軍は最初の七〇時間を超えてもちこたえられはしないという(76)。

中国の侵攻能力にも増して関連してくる問題は、おそらく台湾防衛に関して見えにくくなっていくアメリカの能力なのだろう。一九九六年三月、アメリカは台湾周辺地域に二つの空母機動部隊を派遣してこの地域における海上優勢を見せつけた。だが現在、台湾周辺におけるアメリカの制海権と制空権は、増強する中国の精密打撃システムとペンタゴンがアクセス阻止／エリア拒否（A２／AD）と呼ぶ軍事戦略にしだいに押されつつある。[77] アメリカ軍も中国に対抗しようと戦闘能力の増強を図っている。そうではあるが、台湾の防衛を瞬時に制圧しようという大陸の侵攻に対し、アメリカは今後も変わらずにこの国を確実に守り続けられるのかという不安が残る。[78] 航空封鎖・海上封鎖を断行する能力も中国は日増しに高めつつある。

いまのところ北京にはこうしたオプションを行使する気配はまったくうかがえない。それどころか、軍事力の行使は台湾の独立を阻止する場合に限られ、統一のためには行使しないと発言している。ただ、その可能性は排除できない。二〇〇五年五月に全国人民代表大会で採択された反国家分裂法では、「〝台湾独立〟の分裂勢力が」台湾の独立あるいは統一への扉を閉じるような事態を引き起こした場合、中国は「非平和的方法およびその他必要な措置をもって」国家の主権と領土を守ることを命じている。[79]

アメリカとの国交正常化が正式に成立した一九七九年以降、北京は台湾との平和的統一を強調してきた。日に日に深まる経済面での相互依存と両岸関係に対する中国側の柔軟な姿勢という勢いも手伝い、中台間の緊張はここ数年来、歴史的なほど穏やかな時期が続いてきた。その結果、台湾が抱えていた危機感も落ち着きを見せている。二〇一〇年、馬英九総統率いる国民党（KMT）は両岸経済協力枠組協議をまとめ、この協定を通じて中国は台湾最大の貿易相手国になるとともに、海外投資先として有数の存在に変貌した。

　現在、一〇〇〇万もの台湾人がビジネスのために中国本土で暮らす。そればかりか、大陸からは年間四〇〇万近くもの観光客が訪れ、二〇一五年の夏には週八〇〇便を超える直行便が到着するなど付随する恩恵も少なくなかった。台湾と中国本土を結ぶ定期的な直行便は二〇〇八年まで就航していなかったのだ。二〇一〇年以来、中台間では二一項目に関する取り決めが署名されてきた。このような中台の経済一体化は台湾経済に対する切り札となる可能性があり、それを中国に渡すというマイナス面がともなうものの、いまのところ中国側は影響力を行使しないように注意している。かりに北京が台湾に圧力をかけたいと思えば、こちらの切り札を使ったほうが軍事力よりも効果を発揮するだろう。これもまた、台湾が核によって中国に応じることにまったく意味がない理由のひとつなのだ。

　だが、統一という目標に向けてお預けを食らう北京の辛抱も無限ではない。二〇一三年にバリ島で開催されたAPEC（アジア太平洋経済協力）の席上、中国の習近平国家主席は中台間の政治的違いは「世代から世代に順送りするようなものではない[80]」と発言した。だが、中国当局者はだからといって習近平が一世代や二世代のうちで統一が可能だと考えているわけではないと説明している。台湾の戦略家のなかには、この年、ロシアのウラジーミル・プーチン大統領のウクライナ侵攻に台湾の姿を重ね、習近平もまた西側の軍事的反応を引き起こすことがないまま、領土の強奪をするつもりではないかと案じる者も何人かいた。

　二〇一五年三月、習は台湾の分裂勢力を激しく非難するとともに、馬英九のもとで大陸との関係を支配している合意を破れば、中台の平和は破綻すると不吉な警告を発していた。「古諺にあるように、堅牢な土台なくしては地面と山は揺れ動く。われわれは九二年コンセンサス（後述）を堅持しなければならない。中国は九二年コンセンサスを台湾の当局者および政党との交渉を進めるうえでの原則であり、前提条件であると見なしてきた[81]」。それから一カ月後、さらに習は一歩踏み込み、「両岸にそれぞれひとつずつの国」が存在することは「国家、国土、人民の基盤となる利益を損なうもので、両岸関係発展の基礎を揺るがし、平和的発展の可能性は望めなくなるだろう[82]」という見解を述べていた。

習の警告は台湾総統選の投票民と候補者の蔡英文に向けたものと見られるが、蔡は両岸にはそれぞれひとつずつ、二つの国が存在すると考える陳水扁の見解に深く共鳴していた[83]。蔡は、中国政府と台湾政府が「ひとつの中国」で合意し、その「ひとつ」は中台それぞれ独自に解釈（いわゆる「一中各表」）する「九二年コンセンサス」を認めてはいなかった[84]。選挙運動中、蔡は独立問題に踏み込んで扱うことはなかったが、民進党（ＤＰＰ）の公式見解――そして、蔡が過去に声高に主張していた――では、台湾は主権独立国家で、中国の管轄のもとに置かれていない。

二〇一六年一月の総統選の追い込み期間中、蔡は中国との対話と協力を図り、平和と安定の〝現状《ステータスクオ》〟を変更したり、北京を挑発したりしないことを確約していた。二〇一五年五月、訪米先のワシントンのスピーチで、この〝現状〟には「二〇年を超える交渉と交流で積み重ねてきた結果」と同時に「既存する中華人民共和国の憲法秩序」が含まれていると蔡は語ったが[85]、これは「九二年コンセンサス」への婉曲的な言及にほかならなかった。

ただし、この曖昧さで十分に事が足りたのも、二〇一六年五月、多数与党を形成した民進党の立法委員を引き連れ、蔡が台湾総統に就任するまでのことである。その後は馬英九の方針の直接的な連続性をさらにはっきりと打ち出せと、北京がこれまで以上の圧力をかけてくるのは必至と観測筋の多くはにらんでいる。この連続性を蔡がもし打ち出せなければ、トラブルが生じる可能性があると中国の外交政策を研究するボニー・グレイザーは警告する。[86]

民進党が与党に返り咲いたことで、ふたたび核を推進させるかもしれないという疑問が頭をもたげる。極秘の核兵器開発委員会が存在しているという噂に火がついたのは、陳水扁の民進党が政権を握っていた二〇〇四年だった。[87] 陳の政策は独立志向で、その政策がもし効力をもったら――北京の全国人民代表大会をして非平和的方法へと駆り立てたのがこの政策だった。そして、民進党の独立志向は、理屈としては現在も変わらない様子である。しかし、与党として八年の経験を積み、さらに総統選に勝利してこれから八年間いま一度政権運営に携わることで、実務においてはこれまで以上の現実主義と実用主義が重んじられるだろうと考えられている。台湾の政界では、この党が独立と核の楯の両方を推進するという考えは、ありえないものとして扱われている。[88]

アメリカの抑止力に対する懸念

前述のように、中国への恐れと関連して、アメリカに見捨てられるのではないかという恐れが別の要因となり、それにかわるオプションとして台湾はふたたび核の道へと踏み出していくのかもしれない。実際、将来においてもワシントンには台湾を支援する意思があるのかと疑問視するだけの理由が存在するのだろう。ひとつは、アメリカにおける中国の重要性が日増しに高まり、その分野は経済のほぼ全域に及ぶとともに、国際政策では核不拡散から気候変動にまでかかわっている。ワシントンはワシントンで、対中関係を理由に同盟国を見捨てはしないと主張する。だが、地政学上さらに重要な問題をめぐり、北京の協力を得るためには台湾への武器売却を中止せよという評論家がアメリカにはいる[89]。

事実、今日の台湾とアメリカとのあいだに正式な防衛保障は存在しない。一九七九年の台湾関係法(TRA)は、台湾とアメリカの国交解消で失効した一九五四年締結の米華相互防衛条約にかわるものだが、曖昧さを残した法律である。この法律では「平和手段以外によって台湾の将来を決定しようとする試みは(略)いかなるものであれ、西太平洋地域の平和と安全に対する脅威であり、合衆国の重大関心事と考え」、台湾に対しては「防御的な性格の兵器を供給」、さらに「台湾人民の安全または社会、経済の制度に危害を与えるいかなる武力行使または他の強制的な方式にも対抗しうる合衆国の能力を維持する」ことは、アメリカの方針だと表明されている。しかし、その軍事支援のコミットメントは、完璧なものではないとされた一九五四年の防衛条約と比べてもはるかに及ばない[90]。二〇〇四年、アメリカ大統領ビル・クリントンは、「有事の際に台湾の防衛にかけつけるかどうか口にしたことはない」と認めた[91]。

二〇〇一年、台湾がアメリカ政府によってMNNA(非北大西洋条約機構内同盟国)に相当する国であると指名されると、兵器の購入については年度ごとではなく、随時アメリカに受け付けてもらえるようになった。しかし、それ以外の点では両者の関係に変化は生じていない。台湾が最新の潜水艦を輸入する際には協力するという二〇〇一年の約束は、アメリカでは通常のディーゼル型潜水艦の製造がすでに行われていないことを理由のひとつにしていまだに遂行されていない。アメリカ以外の国も

手を出さないでいるのは、中国の激怒を買いたくないからである。(92)

台湾関係法では台湾有事の際にアメリカが出動すると解される場合も少なくないが、かならずしもそうとは限らない。アメリカの抑止力が台湾をカバーしているのは、現実に基づく範囲にとどまり、条約に基づくものではないので、変化に対してはその影響をさらに受けやすい。日本や韓国はアメリカとのあいだで拡大抑止に関する協議を図っているが、台湾の場合、それに相当するものは皆無に等しい。拡大抑止をめぐるアメリカの数々の研究討議でも、台湾の名前があがる機会はほとんどないのだ。(93)二〇〇〇年のある政策文書に書かれていたように、台湾における拡大抑止は潜在的な問題で、合衆国がその防衛にはたしてかかわるのか否かという、さらに大きな問題の一部なのである。(94)シンクタンクによる調べでは、台湾の拡大抑止の研究あるいはトラックⅡ*外交のためにアメリカ政府や慈善財団から資金を得ることは難しい。これはかなり微妙な問題なのである。

台湾を核へと押しやる最後の要因は、核不拡散レジームの世界的な破綻だ。中国と北朝鮮の脅威に応じて日本あるいは韓国が核保有国になった場合、台湾が核を保有することに対しても、それを阻む理由はなくなっていく。こうした状況では核拡散防止条約は死文化している。ただ、このようなドミノ効果が起こるのはあからさまな理由からではない。日本や韓国の核は台湾にとって脅威ではないからだ。しかし、日韓が核を保有するのは、アメリカの保護がこれ以上当てにできない状況に置かれたからである。同盟国としては完璧さに劣る台湾が、アメリカのコミットメントにいつまでもしがみつ

＊　政府の対話「トラックⅠ」を支える民間の対話「トラックⅡ」のこと。

いている信頼性もまた失われているはずである。

核開発はアメリカの反発をも引き起こす

台湾が直面するこうした理論上の核拡散要因をはるかにうわまわるのが、核への道に向かういかなる動きも阻むこの国の実際的な制約と政策上の制約であり、しかも一九七〇年から八〇年代と比べ、現在ではこれらの制約はさらに強大だ。戦略と経済の両面に及ぶ脆弱性と、どのように試みようと成果を得る前に企みがほぼ確実に漏洩する現実が重なり、台湾がふたたび核兵器を追い求める公算はきわめて低い。明々白々のマイナス面を踏まえれば、今日、この国の公的な立場にいる人間で核武装の必要を唱える者は誰もいない。

かつて核兵器開発が推し進められていたころ、台湾は権威主義体制にあり、報道は厳しく統制され、議会は名目上の存在にとどまり、いかなる国家機密の漏洩に対しても処罰がたちどころにくだされていた。だが今日、この国では確たる言論の自由と押しの強い議員による複数政党の民主主義が実現している。予算配分の経過も透明性が担保され、公共支出は議会の精査を免れられない。台湾の政治に通じる観察筋は一人残らず、核兵器が完成するまで計画を機密にしておくなど不可能だとたちどころに指摘するはずだ。計画が明らかになった時点で台湾は非常に危険な状態に置かれる。その一方で、台湾研究の専門家アラン・ロンバーグは、「即応の兵器を完成させたにせよ、台湾の脆弱性が変わるわけではない。指をくわえて北京が座しているはずはない」[95]と記す。

台湾がこの国のマンハッタン計画に乗り出すことをめぐり、もっとも説得力のある論議は、計画することによって国が脆弱性をみずから招いてしまうという点だ。おそらく北京は台湾の核が完成するよりもかなり早い段階で計画の存在を知り、この事実をもって開戦理由と見なすはずである。こうして戦争が勃発、アメリカの介入も当てにできない——台湾が核不拡散の誓いを破るのはこの理由につきる——本土の攻撃にもちこたえるにしても、弾薬や原油が尽きるまでの一カ月から二カ月程度にすぎない。かりに原爆が想像を絶するような短期間で完成できたにせよ、最低でも六カ月はかかってしまう。だが、それでは遅すぎるのだ。

こんなプログラムが発覚すれば台湾はただちに窮地に陥る。一九九八年、中国は核兵器を台湾が開発すれば侵攻の誘因になると公式に述べ、非公式ではあるがそれまで一〇年以上にわたって知られてきた内容を文書に起こした[96]。この基準はその後の政策表明や白書で繰り返されてはこなかったが、いまもまだ有効であると見なされ、台湾の軍隊が核兵器プログラムを支持しない理由にもなっている[97]。ただ、中国が核保有を阻むために武力を行使するのはともかくとしても、台湾経済との一体化は中国に対して武力以外のさまざまな圧力をかける機会を与えることになった。

核開発は中国の敵意をかき立てるだけにとどまらず、同時にアメリカに対しては負の反発を引き起こしかねない。ワシントンの世界的な核不拡散政策と地域の平和と安定への挑戦という観点からすると、次に両岸関係で問題が生じた場合、台湾はアメリカの無条件の支援を期待することはできないだろう。国際関係が専門のデレク・ミッチェルは「台湾にすれば核オプションは、将来アメリカに放棄される可能性への保険のようなものかもしれないが、このようなプログラムによってこのシナリオは自己充足的予言に化してしまう[98]」と述べている。台湾が当てにするアメリカからの武器輸入や防衛上の結びつきは他に例を見ないレベルに達するが、その関係が大幅に損なわれてしまうのだ。

もちろんアメリカの反応もシナリオしだいだ。紛争が中国の侵攻で起きたものなら、台湾の独立をきっかけに起きた紛争と同じとは見なされない[99]。ただ、中国の挑発で台湾が独立へと追い込まれ、その責任は中国にあるとアメリカが考えたにせよ、少なくともアメリカは法規にしたがって原子力事業への協力を停止する。そうなれば台湾の原子力プログラムは速やかに終わりを迎えてしまうだろう[100]。台湾の保障措置に対するアメリカのユニークな立場を考えれば、他の国がアメリカの同意なしに台湾に原子力機器や核物質を供給することはできまい。

いずれにせよ台湾のウラン購入先の国々——主にオーストラリアとカナダ——はそれに先立ち、アメリカのＵＳＥＣ《ユーセック》＊でウランを濃縮しているので、同様に拒絶するのはまちがいないだろう。台湾の核兵器活動に向けられた非難はさまざまな制裁措置を招くことになり、国際貿易に依存するこの国を危機にさらし、外交的孤立を深めていくことになる。

核からもっとも遠い国

安全保障上のリスクと経済上のリスクを通じて、今日、台湾の核兵器追求を押しとどめる政治的な要因や物理的制約が浮き彫りにされる。台湾では核不拡散という規範があまねく受け入れられ、それに関する手段と実践は参加するだけの意味があるものとして、余すところなく受け止められてきた。日本と同じように、核兵器開発はモラルに反するものだと多くの人が認め、とりわけ戦略的兵器プログラムにおいて不可欠な能力をもつ科学界において著しい。

集合心理に対する激しい衝撃がこうした精神構造を唯一変えることができる。北京がこのような恐怖を引き起こす行動に出ることは決してないと断言することはできないが、いまのところありえる話ではなさそうだ。その一方で、安全保障に関するアメリカのコミットメントは曖昧なままだが、これもまた近い将来にワシントンがなし崩し的に放棄することはないだろう。本書が対象にしてきた三つの民主主義国家のなかで、かつて台湾こそ核への道へのもっとも野心に満ちた当事者だったが、今日、核の保有という点では台湾こそもっとも遠い国なのである。

＊　合衆国濃縮公社を母体にして、一九九八年に完全民営化されたウラン濃縮事業会社。

原子力発電所所在地：台湾

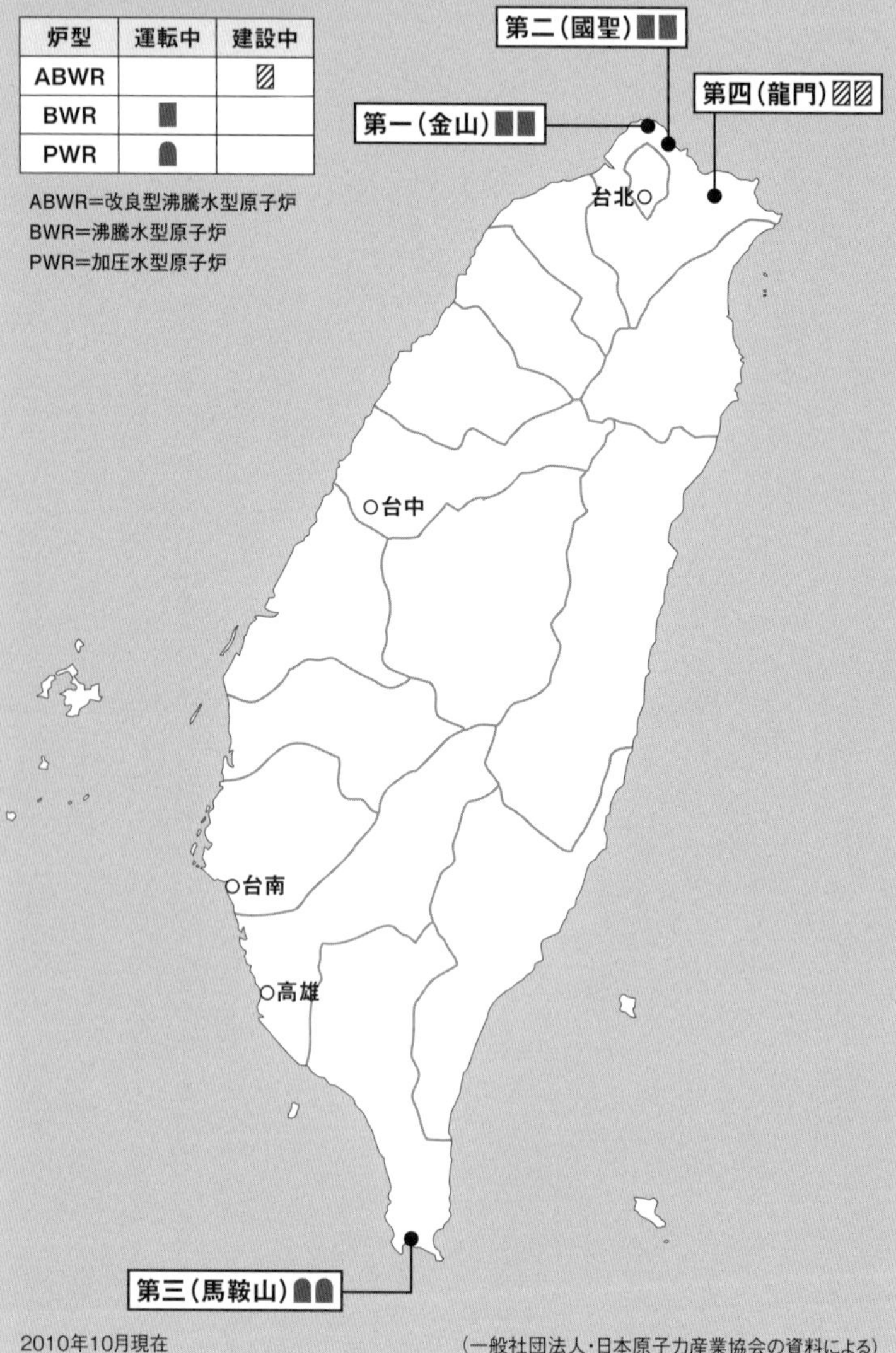

2010年10月現在

（一般社団法人・日本原子力産業協会の資料による）

結論

当面のあいだ、日本、韓国、台湾の三カ国では潜在的核保有国の状態が続いていくだろう。民生用の原子力プログラム、それに軍事に転用可能な開発技術のいくつかを用いれば、三カ国ともたぶん二年——日本の場合はこれよりも短期間——で核兵器を完成できるだろうし、韓国の高度なミサイル技術と日本のロケット発射技術は核の運搬手段として用いることもできるだろう。ただ、核拡散防止条約（ＮＰＴ）に対する各国の強いこだわりを放棄するような事態が起こる公算は低い。

核潜在力に向けられた理由はさまざまだ。エネルギー安全保障の見地から、原子力による自立を図ろうとするのは自然のなりゆきだろうが、同盟国あるいは仮想敵国に対する外交上のテコ入れを行使する手段として、時には意味ありげに、時にはこれ見よがしに使われている。これら北東アジアの三カ国の民主主義国家はそれぞれが核の脅威に直面している——新たな核保有国である北朝鮮からの脅威に向き合う韓国のケース、本土中国から日増しに増強していく脅威を受ける台湾のケース、その両国から脅威を受けている日本。それだけに三カ国には核オプションを維持するだけの深刻な理由が存在する。核潜在力も核ヘッジングも「能力」に「意思」を授けるものだが、両方ともかならずしも核武装への序曲とつながるわけではない。

本書で見てきた三つのケースは核に関してそれぞれ深い歴史をもっている。第二次世界大戦中に大日本帝国はウラン濃縮型とプルトニウム型——原爆製造にいたる二通りの方法——の開発プロジェクトに乗り出したが、時間は足りず、材料もたちまち使い果たした。韓国と台湾の場合、安全保障上の懸念とアメリカに見捨てられるという不安から一九七〇年代に積極的に核兵器を追求し、ワシントンによって両国とも試みが阻まれると、その後、二度目の開発に取り組んだ。

二度目の試みで蔣経国と朴正熙が腐心したのは、核ヘッジングを目的に、最低でもプルトニウム生産と再処理に関する技術を確立することにあったのかもしれないという点だ。しかし、この仮説の判断が難しいのは、両国とも現実に核兵器の製造に踏み切れるまで到達していなかったからである。ただ、そこまで経験した国の大半は、その手段が手に入ったからといって製造活動をやめるようなことはこれまでになかった。

台湾の取り組みは、ＣＩＡに通じた高位の関係者や蔣経国の独裁政権が退陣して政治が変化する一九八八年まで続いた。また、韓国の核兵器追求は朴正熙暗殺後、政権を掌握した全斗煥がアメリカとの関係を強化し、正統性を得ようとしたことで一九七九年に打ち切られた。三カ国いずれも現在では民主主義と報道の自由がしっかり確立され、日本にせよ、韓国にせよ、あるいは台湾にしても、政府が秘密裡に核兵器プログラムを再開するなどできるものではない。

三カ国それぞれの事情

核態勢ということでは日本は多くの点で特異な存在だ。ウラン濃縮と使用済み核燃料を再処理するための大規模施設をもつ国として、日本は唯一の非核兵器保有国である。疑問の余地は残るが、軍事転用可能なテクノロジーは民生用という点で理屈は通っているものの、これまでこれらの技術はさりげなく、時によってはあけすけに核ヘッジング戦略にも関連づけられてきた。核拡散防止条約（ＮＰＴ）の批准についても、日本は自国の核燃料サイクル計画が制約を受けないことが確認できるまで受け入れようとはしなかった。

アメリカはこの国の再処理プログラムの承認をめぐり、一九七〇年代後半のジミー・カーターは消極的ながらそれを認めると、八〇年代のロナルド・レーガン大統領がもろ手をあげて受け入れたのは、地政学が核不拡散の原則より優先されたからで、一方で保障措置に関する戦後の日本の汚点のない記録が妥当性の評価に加わっていた。唯一の被爆国として、核兵器に対するこの国の嫌悪感は根強く、国民全体に抜きがたく残り続けている。総理大臣の安倍晋三が日本を〝普通〟の軍事国にしたいというとき、安倍は核武装などまったく目指してはいない。いずれにせよ、圧倒的多数の国にとって、日本は非核武装のままであることが常態なのである。

いわゆる日本の〝核アレルギー〟は、この国最大の安全保障であるアメリカの核兵器への依存と共存している。核軍縮と核抑止力の双方の強化を同時に図るなど、一見すると矛盾しているようだが、これには平和と保護への基本的な衝動をありありと反映している。いずれの態勢も中国に対する恐怖に根差すものであり、核軍縮と核の透明性を促していくことは、中国の核兵器増強を封じ込める外交手段なのである。

軍事転用に可能な技術を使うことで日本は核保有へと近づけるものの、核保有国に突然転じるということでは韓国のほうがその公算は高い。これは韓国が直面している北朝鮮の脅威との関係だけによるものではなく、核兵器の保有を支持する世論とも関係している。過去数年間で実施されてきた数度の世論調査では、六〇パーセントをうわまわる回答が核兵器を支持すると答えていた。このような核推進へと向かう思いは浅薄であり、感情に駆られたものであるが、二〇一六年一月六日、北朝鮮が水爆実験に成功したという主張でさらに高まることになった。韓国の場合、政府や市民社会による教育努力をさらに深め、核不拡散に対する規範を強化していく必要があるだろう。

核兵器の獲得において、かつての台湾は三カ国のうちでもっとも必死だったが、現在ではもっともその意思に乏しい。核ヘッジングに対する国の考えは一〇年間揺るぎなかったが、この国は現在、原子力発電にも背を向けようとしている。だが、中国が核実験を実施した一九六四年以来、二〇年以上にわたる核兵器追求の契機になった安全保障上の状況は、いまも変わらずますます大きく台湾にのしかかっている。この国が潜在的に直面しているのは世界のどの地域でも類を見ない存続にかかわる脅威であり、中国本土と比べてその脆弱性は日ごとに深まっている。

台湾の国防部は、中国は二〇二〇年までに台湾の防衛を圧倒する全面侵攻の実施が可能になると見ている。そのような軍事行動を検討している気配を中国は微塵も示さず、軍事力の行使は台湾の独立阻止に限られ、統一のために行使しないと発言している。しかし、台湾が総統選の最中にあった二〇一六年一月、中国の習近平主席は総統選の勝者――予想通り、蔡英文が率いる独立志向の民進党に決まる――が中国はただひとつしか存在しないという「九二年コンセンサス」を受け入れなければ両岸関係の悪化は避けられないという不吉な警告を発していた。それだけに台湾の今後の安全保障に関して楽観はできない。

ただ、核潜在力の維持について、民主主義体制にあるこれら三カ国の動機がどれほど切実であろうと、いずれの国も核オプションを実際に行使できない理由のほうがはるかにうわまわっている。核武装は敵対国と近隣国を挑発して安全保障と通商は破綻、防衛関係は危機にさらされ、国際秩序は崩壊して、国の名誉にも傷が及ぶのである。

韓国を例にするなら、核兵器の追求を契機に、二国間原子力協力協定の条項にしたがい、国内二三基の原子力発電所向けウラン燃料の海外供給が中断するという結果をもたらす。原子力技術の輸出大国を目指すこの国の大望は潰えてしまう。自国も核兵器を得ることで、北朝鮮を交渉の場に座らせ、その核兵器プログラムをやめさせるのは一か八かの賭けになってしまうだろう。北朝鮮の非核化はさらに遠ざかり、核兵器による果てしないにらみ合いが朝鮮半島に残る。

ソウルを拠点にする専門家が示唆する通り、こうした情勢下でアメリカの戦術核がふたたび韓国に配備される見通しは低い。アメリカの政府関係者は文官武官の別なく、再配備には徹底的に反対するだろう。配備費用がかさむうえに、破壊されるリスクにもさらされるのだ。その一方で、韓国に置かれた戦術核は、通常兵器のような軍事利用にも使えず、アメリカの戦略核兵器のように、潜水艦発射、地上発射ミサイル、爆撃機搭載のような使い方をすることもできない。

北東アジアの核不拡散とアメリカの抑止力

北東アジアの核不拡散はなによりもアメリカの抑止力に対する信頼性のうえに成り立つ。日本、韓国、台湾の三カ国には、アメリカに対して最強の安全保障が当てにできる限り、わざわざ好きこのんで自前の核兵器開発にともなうリスクを弄ぶ理由も見つからない。アメリカとは明確な同盟関係を結べない台湾でさえ、事実上、アメリカの保護を当てにすることができるのだ。逆にいうなら、確実な抑止力をアメリカが差し出せなければ、それはこれ以上にない刺激剤と化して、北東アジアでは核拡散の堰が切られることを意味する。

たとえば、日本は最近の中国の核兵器近代化に不安を覚えている。通常兵器によるアクセス阻止／エリア拒否（A2／AD）の能力が増強し、中国がいつの日か日本の防衛に携わるアメリカの攻撃能力を排除するのではないか、そうした懸念が拡大していくことがなければこの国も落ち着いていられる。しかし、その懸念が戦略レベルにおける米中の相互脆弱性と結びつき、通常兵器では中国が優勢と見なされれば、事によっては日本も独自の核という次元で考えるようになるかもしれない。

台湾においては、核に関係するいずれの技術にも反対が趨勢であるものの、そうでありながら、近い将来ふたたび高まりそうな中国に対する緊張を踏まえるなら、核へッジングという選択は除外できるものではない。アメリカが孤立主義に転じたり、あるいは台湾防衛が目に見えて手薄になったりでもすればなおさらだ。朝鮮半島では、アメリカの拡大抑止への信頼性がなくなり、北との核の均衡が韓国の容認しがたいレベルに達したときである。

北東アジアからアメリカが撤収することは考えがたい。歴代の政権は拡大抑止に対し、言行ともに最優先してきた。オバマ大統領の〝アジア基軸戦略《ピボット》〟あるいは再均衡政策《リバランス》は、その前のブッシュ政権と同様な方向性を拡大したものだ。国防総省《ペンタゴン》は中国の軍事能力への対抗手段を開発し、オバマは日本に対して、日米安全保障条約の履行は尖閣諸島――中国の〝グレーゾーン〟事態の挑発の影響をきわめて受けやすい日本統治下の領土――にも適用される確認を与えると、二〇一五年四月の二国間防衛協力の指針では、「切れ目のない《シームレス》」両国間の対応によってさらに確認されている点が強く打ち出されていた。日本と韓国に対するアメリカの同盟関係は現在、これ以上ないほど良好な点を踏まえれば、両国が近い将来のうちに核保有国に転じることはないと自信をもって断言できる。

抑止力の信頼性とは、戦略能力と並び、この地域における防衛資産の維持とそれを行使する意思の実態とともに、その実態がどう認知されるかにかかっている。オバマの東アジア政策に関して、ほとんど気づかれていないが、ひとつきわめて重要な功績は、日本と韓国とのあいだで抑止力をめぐり、定期的な対話の場を確立した点にある。年二回の日米拡大抑止協議と韓国との拡大抑止政策委員会で、それまでNATO（北大西洋条約機構）の核計画グループのためのものだった一体感は東アジアの同盟国でも醸成された。日本は、中国との戦略的安定性、北朝鮮の核への警告は日韓連携という方針の受け入れを憂慮していたが、この対話はその懸念に対処するうえで有効な手段となっている。対話は拡大抑止の約束が紛れのないものであることを実感させ、はっきりと目に見える形にしたばかりか、アメリカの戦術核を域内に再配備するという、ありえそうもない代替手段にともなうマイナス面とも無縁だ。

とはいえ、その論議は核抑止力に限られるものではない。ミサイル防衛、サイバー戦能力、通常兵器による対応など、抑止にかかわるあらゆる要素をカバーしている。こうした対話にとって重要なのは永続性だ。二〇一七年、オバマの後継大統領として誰が就任しようと、閣僚級による協議システムは継続すべきだとしっかり忠告しておかなくてはならない。

抑止における核と非核のバランスは常に変わらない課題としてあり続けていく。アメリカの国家安全保障戦略で突出していた核兵器の削減を試みたオバマの強い思いは、アジアの同盟国には核の脅威への対抗措置の欠如というメッセージとなるのを憂慮し、穏やかなものになった。二〇一〇年の「核態勢の見直し」（NPR）の改定の際、オバマ政権は日本と韓国の懸念に配慮し、核兵器の唯一の目的は他国による核攻撃の抑止という文言の採用を見送った。アメリカの拡大抑止の信頼性に対し、このような協議は安心感を持続させるという肝心な役割を担っている。同盟国がスタンスを変え、核の先制不使用の政策を支持しないかぎり、このような核政策をアメリカが採用することはないだろう。

しかし、北東アジアでアメリカと同盟国が直面するかもしれない脅威の大半は、それを抑止するうえで、核の使用は一〇〇パーセント確実な方法でもなければ、絶対に必要な手段でもないというのが現実なのだ。近代化を経た通常兵器のほうが射程の調整には優れ、紛争が想定される全範囲に対抗できるうえに、核兵器にまつわるタブーとも無縁だ。もちろん、核抑止力は不可欠で、核による脅威に対してはとりわけそうだろう。その他の抑止力については、ほぼどのシナリオにおいても早い時期から関与していくことになる。

日韓が案じる低レベルの挑発に対し、ワシントンはこれまで、あらゆる領域にわたる能力を支持して対処しようと熱心に取り組んできた。自由貿易協定や政治的関係などの東アジアにおける非軍事的なかかわりを通じ、アメリカへのさらなる信頼を強化してきたのである。同盟国を納得させるうえで、「核の傘」は格別な役割を果たしているが、抑止全体を踏まえると、「傘」という呼び方は正しいものではない。原爆による報復は、いわば抑止態勢という一枚の織布《しょくふ》に織り込まれているはずのわずか一筋の糸にすぎない。

残された課題、朝鮮半島情勢

同盟国が非核保有の状態にとどまるよう、アメリカは何十年にもわたって熱心に取り組んできた。民主党政権、共和党政権の別なく一貫しており、その際にはアメとムチの両方の手段が使われた。核不拡散は将来いかなるアメリカ大統領のもとでも、最優先事項として遇されるべきものなのである。それだけに、為政者や大きな影響力をもつ者がそれに反するシグナルを発することは控えなくてはならない。ジョージ・W・ブッシュ政権の副大統領ディック・チェイニーやワシントンの有力者は今世紀初頭、北朝鮮の核追求で日本の核武装が促されると警告したが、その結果、日本国内の核武装論者にアメリカは日本の核開発を歓迎しているのだという誤った印象を与えていた。こんな風に「日本カード」を使えば、黙認の含みを通じ、自己充足的予言に転じる危険を冒すことにもなりかねない。

拡大抑止が保証されることで核ドミノの発生は抑え込まれるが、核ヘッジング戦略に関しては安定に向かうという理由には乏しい。むしろ、核分裂性物質の生産能力が広がることは、核拡散に関する二十一世紀の緊急課題である。目下、この問題に関してもっとも注意を要するのが中東地域で、イランのウラン濃縮が認められた現在、サウジアラビアやおそらく他の近隣諸国も同様なウラン濃縮技術を得ようと考えているだろうし、その点では北東アジアからも同じように目を離すことはできない。

二〇一一年の福島原発事故ののち、日本人の多くが原子力の恩恵に疑問を覚えていたとき、前防衛大臣の石破茂は「技術抑止力」を維持するには、核燃料サイクルをやめてはならないと主張していた。現在、使い道もないまま積み重なったプルトニウムは四七トン、これはもっぱら官僚的な事なかれ主義と技術の進歩に対する誤った賭けの結果で、原子炉級プルトニウムを使って核兵器を作り上げた最初の国になるには必要だと日本が考えたからではなかった。ただ、第一の目標がエネルギー安全保障であったにせよ、頭の片隅には核ヘッジング戦略が置かれたうえでウラン濃縮と再処理技術の開発は進められてきた。

日本が燃料サイクルで機微技術をもったことで、独自の再処理によるプルトニウム分離に対する韓国の興味をたきつけることになった。アメリカとの原子力協力協定の改定をめぐる交渉は、韓国が再処理法を見つけ出すまでのあいだ六年以上にわたって延期され、ようやく二〇一五年に結論を見た。この処理法はパイロプロセシング法と呼ばれ、核拡散の点ではほんのわずかだがまさっている。日本では六ヶ所再処理工場の操業判断が迫りつつあり、不平等な処遇をめぐって韓国の国民の怒りに火がつきそうだ。それだけに、再処理業務を放棄することができれば、日本は世界の核不拡散に対して大きな貢献を果たすことになるだろう。

残る二つの課題はいうまでもなく朝鮮半島に関連している。まず、第一の問題として北朝鮮を核保有国家としてどうしても容認することはできない。話し相手としてこの国とチャンネルをもつ国はなによりもまず非核化を倦むことなく説いて聞かせる必要がある。しかも心の底から諫めなくてはならない。北朝鮮が事実上の核保有国家であると黙認するそぶりを示すことは、核の均衡を図ろうとする韓国の衝動をあおり立てていく。しかし、旧に復するよう説得する一方で、同時に北朝鮮に対しては、イランの核能力を阻止したときのように、ある種の制裁と確約と抑止政策を組み合わせた対策を通じ、核開発とミサイル開発プログラムを封印する取り組みがなされなくてはならない。* 北朝鮮を抑え込めれば、核兵器に走ろうとする韓国と日本の動機も減少していく。

二番目は、北朝鮮崩壊という不確実なシナリオが発生した場合で、このときには北朝鮮の核兵器に関連するインフラはひとつ残らず確実に排除もしくは破壊することが必須である。核兵器開発に関係した科学者の処遇は、旧ソ連のときがそうだったように民間人として再雇用しなくてはなるまい。南北統一した国がどのような国家として出現しようが、その非核保有の姿勢に疑いの余地を残すべきではない。アメリカと相互関係で結びついた南北統一国家がぶれることなく核不拡散条約を遵守することこそ、核ヘッジングをこれまでになく高めようとする日本の動機を未然に抑え込むことができるのである。

* 二〇一六年九月九日、北朝鮮は五回目の核実験を実施、一年に二回の実験は初めてで、爆発規模は過去最大だった。また同月二十日には、静止衛星運搬用ロケットのエンジン燃焼実験を行い、これに成功したと発表している。

謝辞

本書の執筆に際しては以下の各氏のお世話になった。フレッド・マクゴールドリック、デビッド・サントロ、ジョシュア・ポラック、アラン・ロンバーグ、ジェームズ・アクトン、大徳貴明、ウィリアム・チュン、ポール・アーウィン・クルックス博士、阿部信泰――本書の各部についてご一読いただき、貴重なご意見をおうかがいできたことに感謝を申し上げる。

以上の各氏をはじめ、時に長時間に及んだインタビューに快くお付き合いいただいた大勢の方々にも改めてお礼を申し上げたい。インタビューをお受けいただいた方には、会川晴之、秋山信将教授、デビッド・オルブライト、重昌範大使、千英宇大使、トビー・ダルトン、ロバート・アインホーン、遠藤哲也大使、謝淑媛博士、船橋洋一博士、古川勝久博士、マイケル・グリーン博士、咸在鳳博士、服部拓也、コリー・ヒンダースタイン、洪圭徳博士、胡瑞舟博士、趙東濬博士、田奉根博士、金昌秀博士、金知玧博士、金泰宇博士、李相賢博士、劉復國博士、直井洋介、太田昌克、ダグラス・パール博士、ジェームス・プリスタップ博士、イーリー・ラトナー博士、佐藤行雄元国連大使、ジェームズ・ショフ博士、レオナルド・〝サンディィ〟・スペクター、鈴木達治郎博士、高橋杉雄、王裕隆博士、渡部恒雄博士、クリス・ウッド、アンドリュー・ヤン博士、デビッド・ヤオ、任晩成博士、J. K. Younなどの各氏がおられる。このほかにも匿名を条件にインタビューをお受けいただいたワシントン、東京、ソウル、台北の政府当局者の方たちがいる。また、アリレザ・シャムス・ラヒジャーニにはリサーチアシスタントとしてお世話になった。

韓国原子力研究院の核不拡散教育研究センターが主催した会議と同じく、日本国際問題研究所、防衛省防衛研究所、中華民国の国立政治大学国際関係研究所安全保障研究センターなどでも、著者にかわって同様な討議をしていただくことで、本書の争点については、その内容を深めるとともに鮮明なものにすることができた。台湾の核能研究所では詳細な説明会を設けていただけた。また、台湾外交部の招待でイギリスの学術関係者の一人として研修に参加する機会を得て、この国の別の研究所や政府機関によるブリーフィングにも参加することができたことにお礼を申し上げる。

最後に、本書の執筆中、変わらぬ励ましを寄せてくれた妻の恭子に感謝の意を伝えたい。この書は私たちの二人の息子、トーマスとロバートに捧げる。トーマスはソウル、ロバートは東京で生まれた。それだけに、かの地に対する著者の思いもまたひとしおである。

マーク・フィッツパトリック

解説——日本人が想定していなかった衝撃的な「イフ」

有馬哲夫
（早稲田大学教授）

本書は東アジアの潜在的核保有国、韓国、日本、台湾の核開発の過去から現在、そして将来の見通しを述べた大変刺激的な論考である。とかく日本の核保有の問題は、「核の傘」を提供しているアメリカ合衆国（以下アメリカとのみ記す）、と潜在敵国ロシアと中国との関係で論じられ、東アジアの周辺国にはほとんど注意が向けられてこなかった。著者マーク・フィッツパトリック氏は、日本が核保有に踏み出すべきかどうかという問題が東アジア諸国、とりわけ韓国と台湾のこれまでの核保有への取り組み、そして将来の見通しと切り離しては論じられないことを明らかにしている。つまり、この問題は、アメリカ、ロシア、中国との関係だけでなく、韓国と台湾が今後核保有をするのかどうかも考慮にいれなければならないということだ。

端的にいえば、日本は北朝鮮が崩壊して朝鮮半島統一がなされ、北朝鮮から核兵器を受け継いだ新国家が反日的かつ親中的であっても、台湾が中国の侵攻を防ぐために「暗殺者の剣」（成功すれば一撃で大国を倒す）として核兵器を手に入れることを決断したときも、依然として非核保有国として留まることを選択するのか、それともまったく新しい状況に適応するためにこれまでの方針を転換するのかき付ける。

ということだ。本書のなかで著者は日本人がほとんど想定していなかった衝撃的なイフをいくつか突き付ける。

そのイフに入る前に、まず著者を紹介しよう。マーク氏の経歴で特筆すべきことはハーバード大学ケネディ行政大学院に在学中に、研究のため日本の自衛隊に一年いたことがあるということだ。大学院を修了したあとは、二〇〇五年に現在の地位につくまで二六年にわたって国務省で核拡散防止政策に関わっている。この間、南アジア課長、駐日アメリカ大使館政治・軍事課長、北朝鮮・韓国・ニュージーランド・デスクを歴任している。アメリカにおける核拡散防止政策のエキスパートといえる。これらのポストに就いている間に集めた文書、知り得た情報に加え、これらのキャリアを積むなかで知り合った人々、またその知人を通して広げた人脈によって知り得たことも本書に結実している。

その該博な知識を総動員して著者が本書で明らかにしているのは、「ネバー・セイ・ネバー」の国際政治の原則にしたがって、日本、韓国、台湾がどのように核オプションや核ヘッジング（本書に詳しい説明がある）を可能にするために核開発のための基盤整備を行ってきたか、また、これからする可能性があるかということだ。著者は、核開発をする可能性の高い順に韓国、日本、台湾の順で述べているのだが、私たちは日本人なので、あえて日本からみていこう。

残念ながら、現在の日本は、けっして「憲法は改正しない」、「軍隊は持たない」、「核保有はしない」、「原発を元の状態に戻すことはしない」、などという言説に満ち溢れている。だが、前に述べたイフのように、これまで考えもつかなかったような変化が国際社会で起こり、それまでの前提条件が完全に覆り、方針を一八〇度転換しなければならなくなることが起こりうる。にもかかわらず、先のことなどまったく考えもせずに「ネバー」をいえば、対外交渉の場で、オプションを失い、したがって不利な立場に置かれ、しかも方向転換したときは、信用を失う。

ところが日本のマスコミと市民団体は、「ネバー」が大好きだ。わかりやすくアピールするからだ。彼らは、この「愚者のネバー」が、どれほど日本の足を引っ張り、中国やロシアの首脳を喜ばせているか理解していない。

日本を取り上げている第二章は、「愚者のネバー」が支配的だったにもかかわらず、戦後の歴代の日本政府首脳と高級官僚が、核兵器製造、そして核保有を可能にするため、決してネバーをいうことなく、これらを将来の世代に選択肢として残すために、いかに努力してきたかということを明らかにしている。

私は『原発、正力、CIA』（新潮新書）、『原発と原爆』（文春新書）を著し、とくに後者では、日本が核オプションと核ヘッジングを手に入れることも視野において原発の導入に努力した過程を書いたので、ある程度これはわかっていたが、本書でこれだけ明確にかつ包括的に示されると、新たに驚くとともに、安堵の胸をなでおろす。マスコミとそれに煽られた大衆が「戦争絶対反対、核絶対反対」と言い交わし、思考停止しているあいだも、国の将来を憂える政府首脳と高級官僚は、先をしっかり見据えて必要な手を着々と打っていたのだ。しかも、それも私が前述書で扱った時期のあとも、現在に至るまで連綿と続いている。

むしろ私が不安に思うのは、著者がなぜこれほどまでに日本の原子力政策の秘中の秘を、一部ではなく、ほとんど、知っているのかということだ。アメリカは同盟国であり、原子力技術や核燃料を永年にわたり日本に提供している国ではあり、著者は国務省の核拡散防止政策の最前線にいたのだから、よく知っているのは当然なのだが、それにしても知りすぎているように思う。

著者の情報収集・分析能力がいかに優れているか具体的に述べよう。たとえば、一九六八年に佐藤政権が内閣情報調査室に命じて科学者や政治学者を集めて日本が核保有すべきかを検討させた『日本の核政策に関する基礎的研究』という報告書がある。ご記憶の方もいると思うが、これは「核を求めた日本」という二〇一〇年に放送された番組を製作した際にベースとされたもので、作ったNHKは当時これを大スクープとして喧伝した。ドイツの政治学者によれば、これはもともと関係者やマスコミに配布されたもので、機密性の高いものではなかったというが、それでも四〇年以上前の少部数のものなので「幻の文書」になっていた。私も『原発と原爆』を執筆するとき入手を試みたが、その所在どころか、誰に聞いたらよいのかもわからなかった。（結局ある出版社の編集者に所有者を教えていただいた）

本書ではこれがまるで公刊されている報告書であるかのように、ごく当たり前のものとして使用されている。NHKのように、鬼の首でも取ったかのような自慢をする様子はみじんもない。それどころか、著者はさらにそのあと一九六九年に防衛研究所と外務省外交政策企画委員会で作成された研究報告書、その後の一九七二年、一九九〇年代に作成された報告書とたどり、二〇〇六年の「核兵器の国産可能性について」と題された政府高官の手になる調査報告書でようやく種が尽きる。こういった極秘文書は、現在に近くなればなるほど機密性が高く、アクセスが困難になるので、二〇〇六年の文書を入手していることは、体操でいえばウルトラHの技を決めたことになる。

機密文書だけではない、著者はこのような調査報告書の作成に関わった内部の関係者、および政府高官、彼らと常に接している研究者とジャーナリストに、数多くのインタヴューを行ってもいる。えてして文書というものは分かりにくく、また本音がどこにあるのか判断しにくいものだが、それらの作成に関わった当事者に話を聞くと、よく理解できるだけでなく、その真意に迫ることができる。著者がインタヴューした人々のなかには、当該国の国民やマスコミにはけっして漏らさない本音を著者にだけ明かしているものもいる。

先にのべた理由で順序が入れ替わったが、第一章で述べられている韓国の核開発の過去、現在、将来の見通しにも、著者の情報収集・分析能力の高さが反映されている。とくに、韓国が核保有する条件として、なぜ日本の核保有も含められるのかという分析は興味深い。実際、本書にも書いてあるように、一九九〇年代に韓国で行われた世論調査では、「日本が核保有するなら」韓国も核を持つべきとする数字は、「北朝鮮が核保有するなら」としたときの数字を上回っていた。日本が核保有したとしても韓国をそのターゲットとすることはあり得ないので、日本人にとって、これは驚きなのだが、著者の分析によれば、韓国人は、日本が核保有するなら、過去の歴史から日本が必ず朝鮮半島を巻き込む戦争に乗り出すと考えていて、それを恐れているからだという。そこには、日本にだけは負けたくないという国民感情が作用していると付け加えることも忘れていない。これは韓国の関係者から直接話を聞く機会が多く、彼らの心情をよく知っているからこそできる分析だろう。

これを踏まえて、将来北朝鮮が崩壊し、朝鮮半島に統一国家が誕生したとき、しかもその国家が北朝鮮が現在持っている核兵器を引き継ぎ、そして親中的であった場合、この国家は日本に対してどのような姿勢をとるのか、それに対して日本政府はどう対処すべきか、そろそろシミュレーションしておかなければならないだろう。

最後の第三章にくるのが台湾の核開発の過去と現状と見通しだが、これは第一章、二章に較べて情報の厚みと深みに欠けるといえる。といってもそれは著者の責任ではない。もともと人口において中国とは五八対一、経済力においては一七対一の開きがあり、かつ、全人口が二三四九万人なのにそのうちの一〇〇〇万人がビジネスのために中国で暮らし、貿易もほとんど中国が相手だ。中国を核攻撃するのは、ほとんど自殺に等しい。この状況のなかで、対中国対策としての核開発に、どれだけ熱が入れられるだろうか。

とはいえ、民進党など台湾独立派が、圧倒的な優位に立つ中国に対して、自らの主張に取り合ってもらうためには、核開発をするしかないというのも事実である。つまり、戦争の道具ではなく、交渉の道具（著者のいうインストゥルメント）としての核兵器である。また、台湾の政府高官が、人民解放軍が一斉攻撃していたとき、通常兵力では七〇時間以上持ちこたえることはできないと証言しているが、それでも中国に台湾侵攻を躊躇させるには、一撃で相手の中枢に打撃を与える「暗殺者の剣」として核兵器を持つ必要があるという見方も著者は否定してはいない。

しかも、台湾は日本や韓国と違ってアメリカによって正式な防衛保障を与えられていない。だが、一九九五年から翌年まで中国が台湾の基隆沖などにミサイルを撃ちこんだときは、アメリカは台湾周辺地域に二つの機動部隊を派遣して、中国の動きを牽制した。ところがそのあとの二〇〇四年にアメリカ大統領ビル・クリントンは「有事の際に台湾の防衛に駆けつけるかどうか口にしたことはない」

と発言した。最近の中国の南シナ海環礁埋め立てと軍事基地化は、再び中国が台湾へミサイルを撃ち込むようなことがあった場合、アメリカが以前のように行動することを難しくしている。

日本も韓国も、十分な能力と動機を持ちながら核開発へと進まなかったのは、ひとえにアメリカの「核の傘」を信じているからである。だが、この点でいけば、台湾はアメリカの「核の傘」と安全保障をあてにできなくなっている。アメリカの支援なしで中国と対抗するため、あるいは、核不拡大原則を世界各国に守らせたいアメリカから以前のような支援と安全保障を引き出すための道具として、核開発に乗り出す可能性は、日本や韓国より高いといえる。このように核開発ではポジティヴなものがネガティヴに、ネガティヴなものがポジティヴに作用したりするので、予想がきわめて難しい。

日本はこれから憲法改正、尖閣諸島防衛、自立的国防力再建、原発再稼働といった問題を議論することになる。これらの問題は本書とは関係なさそうに見えるのだが、よく読めばわかるように、実は深く関係している。むしろ、これらの問題を考える際に、本書を座右に置くべきだとすら思う。また、本書を読み終わった読者は、知り得たことを自分の頭にのみ留めておくのではなく、他の人にも広めるよう強くお勧めする。政治がポピュリズムに陥るのは、議員を選ぶ国民に十分な知識がいきわたっていないからだ。必要な知識が他の多くの人に広まれば、将来日本国民が賢明な選択をすることにつながるはずである。

略語一覧

A2/AD	anti-access/area-denial	アクセス阻止／エリア拒否
AIT	American Institute in Taiwan	米国在台湾協会
AEC	Atomic Energy Council	原子能委員会（台湾）
AVLIS	atomic vapour laser isotope separation	原子法レーザー分離（ウラン濃縮）
CIA	Central Intelligence Agency	中央情報局（アメリカ）
CEP	circular error probable	平均誤差半径
CSIST	Chung-Shan Institute of Science and Technology	中山科学研究院（台湾）
CTBT	Comprehensive Nuclear-Test-Ban Treaty	包括的核実験禁止条約
DPJ	Democratic Party of Japan	民主党（日本）
DPP	Democratic Progressive Party	民主進歩党（民進党：台湾）
DPRK	Democratic People's Republic of Korea	朝鮮民主主義人民共和国（北朝鮮）
EDD	Extended Deterrence Dialogue	拡大抑止協議（日本－アメリカ）
Euratom	European Atomic Energy Community	欧州原子力共同体
FBR	fast-breeder reactor	高速増殖炉
FCA	Fast Critical Assembly	高速炉臨界実験装置
HEU	highly enriched uranium	高濃縮ウラン
IAEA	International Atomic Energy Agency	国際原子力機関
ICBM	intercontinental ballistic missile	大陸間弾道ミサイル
INER	Institute for Nuclear Energy Research	核能研究所（台湾）
JDA	Japan Defense Agency	防衛庁
JSDF	Japan Self-Defense Forces	自衛隊
KAERI	Korea Atomic Energy Research Institute	韓国原子力研究院
KMT	Kuomintang	中国国民党（国民党：台湾）
LDP	Liberal Democratic Party	自由民主党（自民党：日本）
LEU	low-enriched uranium	低濃縮ウラン
MOX	mixed-oxide	混合酸化物
MWt	Megawatt thermal	メガワット（熱出力）
NPP	nuclear power plant	原子力発電所
NPR	Nuclear Posture Review	核態勢の見直し（アメリカ）
NPT	Non-Proliferation Treaty	核拡散防止条約
NTD	New Taiwan Dollar	ニュー台湾ドル
PRC	People's Republic of China	中華人民共和国
PSI	Proliferation Security Initiative	拡散に対する安全保障構想
ROC	Republic of China	中華民国（台湾）
ROK	Republic of Korea	大韓民国（韓国）
SLV	space-launch vehicle	衛星打ち上げロケット
SWU	separative work unit	分離作業量
THAAD	Terminal High Altitude Area Defense	終末高高度防衛
TLAM-N	Tomahawk Land Attack Missile (nuclear-armed)	核搭載型トマホーク対地ミサイル
TRA	Taiwan Relations Act	台湾関係法

原　註

日本語版刊行に寄せて

1）Michael Elleman, 'North Korea's Musudan missile effort advances', IISS Voices, 27 June 2016, http://www.iiss.org/en/iiss % 20voices/blogsections/iiss-voices-2016-9143/june-2c71/north-koreas-musudan-missile-effort-advances-5885.

2）Dina Smeltz, Ivo Daalder, et al., 'America Divided: Political Partisanship and US Foreign Policy', Chicago Council on Global Affairs, 2015, https://www.thechicagocouncil.org/sites/default/files/CCGA_PublicSurvey2015.pdf.

3）'Trump brought up S. Korea nuclear armament suggestion as "negotiating point": Sessions', Yonhap News Agency, 27 May 2016, http://english.yonhapnews.co.kr/news/2016/05/27/0200000000AEN20160527000300315.html.

4）Louis Jacobson, 'Donald Trump wrong in accusing Hillary Clinton of lying about his views on a nuclear-armed Japan', Politifact, 2 June 2016, http://www.politifact.com/truth-o-meter/statements/2016/jun/02/donald-trump/donald-trump-wrong-accusing-hillary-clinton-lying-/.

5）Katie Reilly, 'Read Hillary Clinton's Speech on Donald Trump and National Security', *Time*, 2 June 2016, http://time.com/4355797/hillary-clinton-donald-trump-foreign-policy-speech-transcript/.

はじめに

1）James Clay Moltz, 'Future Nuclear Proliferation Scenarios in Northeast *Asia', Nonproliferation Review*, vol. 13, no. 3, November 2006.

2）ウランの核分裂性同位体ウラン235は天然のウラン鉱石に0.7パーセントしか含まれておらず、この比率を科学的に処理して高めるのがウラン濃縮。大半の原子炉燃料には約3.5パーセントまで濃縮したウラン235が必要で、兵器級ウランの場合、90パーセント前後まで濃縮しなくてはならない。理論上、20パーセントまで濃縮したウランでも核兵器の製造は可能で、20パーセントが低濃縮ウランと高濃縮ウランの分割点であると見なされている。

3）本書でいうプルトニウムの再処理とは、ウランに中性子を照射することで生成されたプルトニウムを使用済み核燃料中の他の物質と分離する化学的プロセスを意味する。

4）Jeffrey M. Kaplow and Rebecca Davis Gibbons, 'The Days after a Deal with Iran: Implications for the Nuclear Nonproliferation Regime', RAND Corporation, 2015, http://www.rand.org/content/dam/rand/pubs/perspectives/PE100/PE135/ RAND_PE135.pdf.

5）「潜在的」のほか頻繁に使われる言葉に「事実上の」「敷居にある」「秘められた」核能力などがあり、こうした言葉はいずれも確固とした開発レベルと曖昧な意図という意味を含んでいるが、かならずしも3カ国すべてに当てはまるわけではない。

6）Wyn Bowen and Matthew Moran, 'Iran's Nuclear Programme: A Case Study in Hedging?', *Contemporary Security Policy*, vol. 35, no. 1, April 2014. このテーマに関する労作としてこのほかに以下のような論文がある。 Stephen M. Meyer, *The Dynamics of Nuclear Proliferation*（Chicago, IL: University of Chicago Press, 1984）; Ariel F. Levite, 'Never Say Never Again: Nuclear Reversal Revisited', *International Security*, vol. 27, no. 3, Winter 2002–03, pp. 59–88; and Scott D. Sagan, 'Nuclear Latency and Nuclear Proliferation', in William C. Potter and Gaukhar Mukhatzhanova（eds）, *Forecasting Nuclear Proliferation in the 21st Century*, Volume 1: *The Role of Theory*（Stanford, CA: Stanford University Press, 2010）.

7）Sagan, 'Nuclear Latency and Nuclear Proliferation'.

8）このテーマに関する初期の研究については以下を参照。 Lewis A. Dunn and Herman Kahn, *Trends in Nuclear Proliferation, 1975–1995: Predictions, Problems, and Policy Options*（Washington, DC: Hudson Institute, 1976）; and US Committee on Nuclear Proliferation, 'A Report to the President by the Committee on Nuclear Proliferation', 21 January 1965. さらに最近の研究として以下がある。Nicholas L. Miller, 'Nuclear Dominoes: A Self-Defeating Prophecy?' *Security Studies*, vol. 23, no. 1, 2014, pp. 33–73; and William Potter, 'Divining Nuclear Intentions: Review Essay', *International Security,* vol. 33, no. 1, Summer 2008.

9）Gerard Baker and Alastair Gale, 'South Korea President Warns on Nuclear Domino Effect', *Wall Street Journal*, 29 May 2014.

10）Nobumasa Akiyama, 'Japan's Disarmament Dilemma: Between the Moral Commitment and the Security Reality', in George P. Shultz and James E. Goodby（eds）, *The War that Must Never Be Fought: Dilemmas of Nuclear Deterrence*（Stanford, CA: Hoover Institution Press, 2015）, p. 466.

第1章　韓国

1）Jiyoon Kim, 'The Fallout: South Korean Public Opinion Following North Korea's Third Nuclear Test', Asan Institute for Policy Studies, 24 February 2013, http://en.asaninst.org/contents/issue-brief-no-46-the-fallout-south-korean-public-opinion-following-north-koreas-third-nuclear-test/.

2）Jonathan D. Pollack and Mitchell B. Reiss, 'South Korea: The Tyranny of Geography and the Vexations of History', in Kurt Campbell et al.（eds）, *The Nuclear Tipping Point: Why States Reconsider Their Nuclear Choices*（Washington DC: Brookings Institute, 2004）, Chapter Ten, p. 262.

3）韓国が国民１人当たりの生産量で北朝鮮を抜いたのは1970年代半ば。また北朝鮮軍の兵力は韓国軍の３倍で、韓国は質的優位性をまだ獲得していなかった。

4）グアム・ドクトリンあるいは一般的にニクソン・ドクトリンと呼ばれ、同盟国に対してアメリカは武器を供与するが軍は提供せず、同盟国は国の防衛に関して第一義的な責任を負うことが求められていた。

5）Pollack and Reiss, 'South Korea', p. 261.

6）Seung-young Kim, 'Security, Nationalism and the Pursuit of Nuclear Weapons and Missiles: The South Korean Case, 1970–82', *Diplomacy and Statecraft,* vol. 12, no. 4, December 2001, p. 55; Peter Hayes, Moon Chung-in and Scott Bruce, 'Park Chung Hee, the US– ROK Strategic Relationship, and the Bomb', *Asia-Pacific Journal,* 31 October 2011, http://www. japanfocus.org/-Scott-Bruce/3630.

7）Selig Harrison, 'North Korea and the Future of East Asia Nuclear Stability', in N. S. Sisodia, V. Krishnappa and Priyanka Singh（eds）, *Proliferation and Emerging Nuclear Order in the Twenty-First Century*（New Delhi: Academic Foundation, 2009）, p. 54.

8）Peter Hayes, 'The Republic of Korea and the Nuclear Issue', in Andrew Mack（ed.）, *Asian Flashpoints:Security and the Korean Peninsula*（Canberra: Allen and Unwin, 1993）, Chapter Six, p. 52.

9）Kang Choi and Joon-sung Park, 'South Korea: Fears of Abandonment and Entrapment', in Muthiah Alagappa（ed.）, *The Long Shadow: Nuclear Weapons and Security in 21st Century Asia*（Stanford, CA: Stanford University Press, 2008）, Chapter 13, p. 399.

10）Taewoo Kim, 'South Korea's Nuclear Future: Temptation, Frustration and Vision', paper presented to the conference 'Over the Horizon: WMD Proliferation 2020', Center for Contemporary Conflict, Singapore, 12–13 September 2007, pp. 7–8.

11）Kim, 'Security, Nationalism and the Pursuit of Nuclear Weapons and Missiles', p. 69.

12）US Department of State, 'ROK Plans to Develop Nuclear Weapons and Missiles', 4 March 1975, available at http://digitalarchive.wilsoncenter.org/document/114616; US Embassy in Seoul, 'ROK Plans to Develop Nuclear Weapons and Missiles', 12 March 1975, available at http://digitalarchive.wilsoncenter.org/ document/114615.

13）'Seoul Planned Nuclear Weapons until 1991', *Jane's Defence Weekly*, 2 April 1994, p. 6, cited in T.V. Paul, Power versus Prudence: *Why Nations Forgo Nuclear Weapons*（*Montreal: McGill-Queen's University Press,* 2000）, p. 121.

14）Jo Dong-joonへのインタビュー（2014年８月）。Lee Eun-Young, 'ADD mugigaebal 3chongsaui haegmisail gaebalbihwa（ADD〈国防科学研究所〉で兵器開発にかかわっ

た3名のエンジニアによる口述証言)', *ShinDongA, December* 2006, http://shindonga.donga.com/docs/magazine/shin/2006/12/13/200612130500004/200612130500004_1.htm を参照。

15) 商業炉の古里1号機が稼働したのは1978年、兵器級プルトニウムの生産は可能だったが、知りうる限りこのオプションが実行されることはなかった。

16) Choi and Park, 'South Korea', p. 378.

17) ソウルでの面談（2014年6月および11月）。

18) Kim, 'Security, Nationalism and the Pursuit of Nuclear Weapons and Missiles', p. 60.

19) Hayes, Moon and Bruce, 'Park Chung Hee, the US–ROK Strategic Relationship, and the Bomb'.

20) Harrison, 'North Korea and the Future of East Asia Nuclear Stability', p. 56. *Paul, Power versus Prudence*: p. 121を参照。

21) 以下のサイトで英文での声明が閲読できる。http://fas.org/news/skorea/1991/911108-d4111.htm.

22) Brookings Institution, '50 Facts about Nuclear Weapons Today', 28 April 2014, http://www.brookings.edu/research/articles/2014/04/28-50-nuclear-facts.

23) Chung Won-shik and Yon Hyongmuk, 'Joint Declaration of South and North Korea on the Denuclearization of the Korean Peninsula', 19 February 1992, http://cns.miis.edu/inventory/pdfs/aptkoreanuc.pdf（リンク切れ）.

24) ソウルにて研究者および元当局者へのインタビュー（2014年7月および8月）。

25) Kim, 'South Korea's Nuclear Future', pp. 12–13; and Harrison, 'North Korea and the Future of East Asia Nuclear Stability', pp. 56–7を参照。

26) Kim, 'South Korea's Nuclear Future', pp. 17–18.

27) IAEA, 'Implementation of the NPT Safeguards Agreement in the Republic of Korea', 11 November 2004,paragraphs 12, 15, 22, 37.

28) 同上, paragraphs 27–34.

29) Pierre Goldschmidt, 'Exposing Nuclear Non-compliance', Survival, vol. 51, no. 1, February–March 2009, p. 153.

30) IAEA, 'IAEA Board Concludes Consideration of Safeguards in South Korea', 26 No-

vember 2004, https://www.iaea.org/newscenter/news/iaea-board-concludes-consideration-safeguards-south-korea.

31）ソウルでのインタビュー（2014月７月）。

32）IAEA, 'Safeguards Implementation Report for 2007', May 2008, paragraphs 34–5, http://www. iaea.org/safeguards/documents/ es2007.pdf. 国際原子力機関（IAEA）の包括的保障措置は申告された核物質と設備に限られた結論にとどまるが、追加議定書に基づく拡大結論ではこれをうわまわる結論が導出される。

33）Kim, 'South Korea's Nuclear Future', pp. 18–19.

34）韓国でのインタビュー（2014年８月および10月）。

35）World Nuclear Association, 'Nuclear Power in South Korea', updated October 2015, http:// www.worldnuclear.org/info/ Country-Profiles/Countries-O-S/ South-Korea/.

36）Mok Yong Jae, 'South Overjoyed with Missile Victory', *Daily NK*, 8 October 2012, http://www. dailynk.com/english/read.php?cataId = nk00100&num = 9890.

37）Jeffrey Lewis, 'Missiles Away!', *Foreign Policy*, 9 October 2012, http:// foreignpolicy.com/2012/10/09/missiles-away/.

38）Daniel Pinkston, 'The New South Korean Missile Guidelines and Future Prospects for Regional Stability', International Crisis Group, 25 October 2012, http://blog.crisisgroup.org/asia/2012/10/25/the-new-south-korean-missile-guidelines-and-future-prospects-for-regional-stability/.

39）Jungmin Kang and Harold Feiveson, 'South Korea's Shifting and Controversial Interest in Spent Fuel Reprocessing', *Nonproliferation Review*, Spring 2001, p. 71.

40）Meeyoung Cho, 'As Nuclear Waste Piles Up, South Korea Faces Storage Crisis', *Scientific American*, 12 October 2014, cited in Toby Dalton and Alexandra Francis, 'South Korea's Search for Nuclear Sovereignty', National Bureau of Asian Research, Asian Policy, no. 19, January 2015, p. 123, http://nbr.org/ publications/element.aspx?id = 797.

41）Duyeon Kim, 'Beyond the Politics of the U.S.–South Korea 123 Agreement', Carnegie Endowment for International Peace, 29 October 2014, http://carnegieendowment.org/2014/10/29/beyond-politics-of-u.s.-south-korea-123-agreement/ ht2o.

42）アメリカの法律では、合衆国から供給された核物質あるいは合衆国が供給した反応炉で製造された核物質の濃縮・再処理には事前の同意を必要とする。いずれの条件も「アメリカが責任を負うべきもの」とする。

43）Dalton and Francis, 'South Korea's Search for Nuclear Sovereignty'.

44) Kim, 'South Korea's Nuclear Future', p. 37.

45) ロンドン（2012年9月）およびソウル（2014年8月）での面談。

46) ワシントンでのインタビュー（2014年9月）。

47) ソウルでの面談（2014年7月）。

48) Chen Kane, Stephanie C. Lieggi and Miles A. Pomper, 'Time for Leadership: South Korea and Nuclear Nonproliferation', *Arms Control Today*, March 2011, https:// www.armscontrol.org/print/4722.

49) Fred McGoldrick, 'The New Peaceful Nuclear Cooperation Agreement Between South Korea and the United States: From Dependence to Parity', Korea Economic Institute of America, September 2015, http://www.keia.org/publication/new-peaceful-nuclear-cooperation-agreement-between-south-korea-and-united-states-depende.

50) Soo-Yeon Kim, 'New S. Korea–U.S. Nuke Deal to be "Win–Win" for Both: Einhorn', Yonhap, 19 March 2015, http://english.yonhapnews.co.kr/interview/2015/03/19/71/0800000000AEN20150319006700315F.html.

51) US General Accounting Office, 'Quick and Secret Construction of Plutonium Reprocessing Plants: A Way to Nuclear Weapons Proliferation?', 6 October 1978, http://archive.gao.gov/f0902c/ 107377.pdf. さらにHayes, 'The Republic of Korea and the Nuclear Issue', p. 53を参照。

52) 低燃焼度の使用済み核燃料は核分裂性の同位体プルトニウム239を高い割合で含み、核兵器の製造には理想的である。月城原子力発電所の4基の重水炉では通常、プルトニウム239（66.6パーセント）、プルトニウム240（26.6パーセント）、プルトニウム241（5.3パーセント）の組成をもつ使用済み核燃料が生成されているが、これは原子炉級プルトニウムで、兵器用としては次善の品質だ。プルトニウム240の組成率は、通常の稼働期間より早く使用済み核燃料を取り出せば減少させることが可能である。さらにCharles D. Ferguson, 'How South Korea Could Acquire and Deploy Nuclear Weapons', Nonproliferation Policy Education Center, May 2015, pp. 11–12, http:// npolicy.org/books/East_Asia/Ch4_ Ferguson.pdfについても参照。

53) Young-sun Ha, 'Nuclearization of Small States and World Order', *Asian Survey*, no. 28, November 1978, pp. 1,137, 1,140. 分離プラントは1〜2年で建造できると語る以外、Haは4〜6年というスケジュールの根拠に関しては詳述していない。

54) James Clay Moltz, 'Future Nuclear Proliferation Scenarios in Northeast Asia', *Nonproliferation Review*, vol. 13, no. 3, November 2006, p. 595.

55) David Albright, Frans Berkhout and William Walker, *Plutonium and Highly Enriched*

Uranium 1996: World Inventories, Capabilities and Policies（Oxford: Oxford University Press for SIPRI, 1997）, p. 365.

56）Kane, Lieggi and Pomper, 'Time for Leadership'.

57）Kim, 'The Fallout'.

58）Cheon Seongwhun, 'South Korea's Responses to North Korea's Missile Launch', Center for Strategic and International Studies, 14 May 2012, http://csis.org/files/publication/120514_CheonPlatform.pdf.

59）Gallup Koreaの調査では64パーセント。Chosun Ilbo（2013年２月21日）は「韓国人の３分の２が核兵器を支持」。http://english. chosun.com/site/data/html_dir/2013/02/21/2013022100645.html. Munhwa Ilboの調査では62パーセント。引用元はToby Dalton and Alexandra Francis, 'South Korea's Search for Nuclear Sovereignty', National Bureau of Asian Research, *Asia Policy*, no. 19, January 2015, http://nbr.org/publications/element.aspx?id = 797.

60）'South Korean Opinion Polls: Majority Favors Nuclear Weapons; 1980s Generation Questions U.S. Ties', WMD Insights, p. 2, http://cns.miis.edu/wmd_insights/WMD *Insights*_2006_01.pdf（リンク切れ）.

61）Norman D. Levin and Yong-Sup Han, 'The Shape of Korea's Future: South Korean Attitudes toward Unification and Long-Term Security Issues', RAND Corporation, 1999, p. 23, http://www.rand.org/pubs/ monograph_reports/MR1092.html.

62）Seong-whun Cheon, 'A Tactical Step That Makes Sense for South Korea', *Global Asia*, vol. 7, no. 2, Summer 2012.

63）一例としてChoi He-sukのYang Ukによるコメントを参照。'S. Korea Cautions against Deployment of US Tactical Nukes', *Jakarta* Post, 14 May 2012.

64）2011年３月にリアルメーターとtv-Nが実施した調査では72.5パーセントの国民が自前の核兵器開発に賛成、69.1パーセントがアメリカの核の再配備に賛成していた。Cheon, 'South Korea's Responses to North Korea's Missile Launch'.

65）Josh Rogin, 'House Pushes Obama Administration to Consider Tactical Nukes in South Korea', *Foreign Policy*, 10 May 2012, http://foreignpolicy.com/2012/05/10/house-pushesobama-administration-to-considertactical-nukes-in-south-korea/（リンク切れ）.

66）この調査にかかわった研究者へのインタビュー（2015年３月および５月）。調査の結果は公表されていない。

67）ジョナサン・ポラックとミッチェル・レイスは2004年に次のように書いている。「政

治的権利の視点が欠落している点が、新たな核兵器オプションに関するさらなる検討課題だ。（略）この国に「ド・ゴール主義者」的な主導者が存在するなら、少なくとも当面その言葉に耳を傾けられることはない」。Pollack and Reiss, 'South Korea', pp. 272–3.

68）Toby Dalton and Ho Jin-yoon, 'Reading into South Korea's Nuclear Debate', Asia Times, 21 March 2013, http://www.atimes. com/atimes/Korea/KOR-01-210313.html.

69）元大統領府外交安保首席の千英宇は次のように発言していた。「将軍と面談すると、国の核保有は北朝鮮の抑止に役立つと思うと口にする者が多かった。だが、その影響を話すと、そこまで考えていないことを将軍らも認めた」。著者とのインタビューによる。さらに以下を参照。Ralph Cossa, 'US Nuclear Weapons to South Korea?', 38 North, 13 July 2011, http://38north.org/2011/07/rcossa071211/.

70）'N. Korea Threatens to Turn S. Korea into "Sea of Fire" Over Leaflets', Yonhap, 14 August 2015, http://english.yonhapnews.co.kr/national/2015/08/14/37/0301000000AEN20150814004900315F.html.

71）Jonathan D. Pollack, No Exit: North Korea, *Nuclear Weapons and International Security*, Adelphi 418–19（Abingdon: Routledge for the IISS, 2010）.

72）Kim, 'South Korea's Nuclear Future', pp. 26–7.

73）元政府高官とのインタビュー（ソウル・2015年２月）。

74）Joel S. Wit and Sun Young Ahn, 'North Korea's Nuclear Futures: Technology and Strategy', US–Korea Institute at SAIS, February 2015, http://38north.org/wp-content/uploads/2015/02/NKNF-NK-Nuclear-Futures-Wit-0215.pdf.

75）Jeremy Page and Jay Solomon, 'China Warns North Korean Threat is Rising', *Wall Street Journal*, 22 April 2015.

76）Kim Young-jin, 'Chung Calls for Nuke Redeployment', Korea Times, 11 May 2012.

77）ソウルでのインタビュー（2014年８月）。

78）韓国経済研究所のLee Chun-geunによるコメント。引用元はDalton and Yoon, 'Reading into South Korea's Nuclear Debate'.

79）Hayes, Moon and Bruce, 'Park Chung Hee, the US–ROK Strategic Relationship, and the Bomb'.

80）Gerard Baker and Alistair Gale, 'South Korea President Warns on Nuclear Domino Effect', *Wall Street Journal*, 29 May 2014.

81) 'Park Asks China to Help Dissuade N. Korea from Nuclear Test', Yonhap, 23 April 2014, http://www. globalpost.com/dispatch/news/yonhap-news-agency/140423/parkasks-china-help-dissuade-n-koreanuclear-test-0（リンク切れ）.

82) Choi Kang et al., 'South Korean Attitudes on the Korea–US Alliance and Northeast Asia', Asan Institute for Policy Studies, 24 April 2014, http://en.asaninst.org/contents/asan-report-south-korean-attitudes-on-the-korea-us-alliance-and-northeast-asia/.

83) Donald S. Zagoria, 'NCAFP FactFinding Mission to Seoul, Taipei, Beijing and Tokyo October 18 – November 2, 2014', National Committee on American Foreign Policy, November 2014, http://www.tandfonline.com/doi/abs/10.1080/10803920.2015.1016818?-journalCode = uafp20.

84) Pollack and Reiss, 'South Korea', p. 267.

85) Christopher W. Hughes, 'North Korea's Nuclear Weapons: Implications for the Nuclear Ambitions of Japan, South Korea, and Taiwan', *Asia Policy,* no. 3, January 2007, p. 98.

86) Hayes, Moon and Bruce, 'Park Chung Hee, the US–ROK Strategic Relationship, and the Bomb'.

87) US Department of Defense, 'Press Briefing by Admiral Gortney in the Pentagon Briefing Room', 7 April 2015, http://www.defense.gov/Transcripts/Transcript.aspx?TranscriptID = 5612.

88) Scott Snyder, 'South Korean Nuclear Decision Making', in William Potter and Gaukhar Mukhatzhanova (eds), *Forecasting Nuclear Proliferation in the 21st Century* (Stanford, CA: Stanford University Press, 2010), p. 171.

89) John S. Park, 'Nuclear Ambition and Tension on the Korean Peninsula', in Ashley J. Tellis et al. (eds), *Strategic Asia 2013–14: Asia in the Second Nuclear Age* (Washington DC: National Bureau of Asian Research, October 2013), p. 198.

90) Kim Taewoo, 'Role of Conventional Weapons & Missile Defense in East Asia: A South Korean Perspective', paper presented at the U.S.–Japan–ROK Dialogue on Nuclear Issues, Washington DC, 28 February– 1 March, 2011, p. 3.

91) Scott Snyder, 'U.S. Rebalancing Strategy and South Korea's Middle Power Diplomacy', East Asia Institute, February 2015, http://www.eai.or.kr/data/bbs/eng_report/2015030618362920.pdf（リンク切れ）.

92) ワシントンでのインタビュー（2015年3月）。Richard Samuels and James L. Schoff, 'Japan's Nuclear Hedge: Beyond "Allergy" and Breakout', in Ashley J. Tellis et al. (eds), *Strategic Asia 2013–14: Asia in the Second Nuclear Age* (Washington DC: National Bureau of Asian Research, October 2013), p. 247.

93）もちろん韓国の国民が残らずこうした見方をしているわけではない。2014年10月、政府当局の高官と核の分野で主導的な地位にある学者の話では、日本が核保有するかどうかよりも、変数としてはアメリカの安全保障のコミットメントがさらに重要だと語っていた。著者との面談による。

94）Peter Hayes and Chung-in Moon, 'Korea: Will South Korea's NonNuclear Strategy Defeat North Korea's Nuclear Break-out?', in George P. Shultz and James E. Goodby (eds), *The War That Must Never Be Fought: Dilemmas of Nuclear Deterrence* (Stanford, CA: Hoover Institution Press, 2015), Chapter 13, p. 394.

95）ソウルでの面談（2014年７月）。

96）Snyder, 'South Korean Nuclear Decision Making', p. 178.

97）ソウルでのインタビュー（2014年７月）。

98）引用元はJohn Lee, 'The Strategic Cost of South Korea's Japan Bashing', Hudson Institute, 5 November 2014, http://www.hudson.org/research/10775-the-strategic-cost-of-south-korea-s-japan-bashing.

99）The Genron NPO and East Asia Institute, 'The 2nd Joint Japan– South Korea Public Opinion Poll (2014) Analysis Report on Comparative Data', 16 July 2014, http://www.genron-npo.net/pdf/ forum_1407_en.pdf.

100）Snyder, 'South Korean Nuclear Decision Making', pp. 178–9.

101）Kim Jiyoon et al., 'Challenges and Opportunities for Korea–Japan Relations in 2014', Asan Institute for Policy Studies, March 2014, http://en.asaninst.org/contents/ challenges-and-opportunities-forkorea-japan-relations-in-2014/.

102）Kim Jiyoon et al., 'South Korean Attitudes on China', Asan Institute for Policy Studies, July 2014, http://en.asaninst.org/contents/south-korean-attitudes-on-china/.

103）Kim, 'Security, Nationalism and the Pursuit of Nuclear Weapons and Missiles', pp. 72–3.

104）ソウルでのインタビュー（2014年８月）。

105）2014年９月24日、朴槿恵大統領の国連総会での演説。http://www.un.org/en/ga/69/meetings/gadebate/pdf/KR_en.pdfおよびYun Byung-se, 'Journey to One Korea, One Korea Night', Davos, 22 January 2015のコメント，http://www.mofa.go.kr/webmodule/htsboard/ template/read/engreadboard.jsp?typeID = 12&boardid = 14137&seqno = 314816.

106) Pollack and Reiss, 'South Korea', pp. 282, 285.

107) ムクゲは韓国の国花。同様なテーマを扱った1999年公開のアクション映画*Yuryong*(*Phantom: The Submarine*)は脱走した韓国の原子力潜水艦による日本への核攻撃の脅威を描いている。以下についても参照。Kim, 'Security, Nationalism and the Pursuit of Nuclear Weapons and Missiles', p. 74.

108) Moltz, 'Future Nuclear Proliferation Scenarios in Northeast Asia', p. 600.

109) Mark Hibbs, 'Will South Korea Go Nuclear?', *Foreign Policy*, 15 March 2013, http://foreignpolicy.com/2013/03/15/will-south-korea-go-nuclear/.

110) Dianne E. Rennack, 'India and Pakistan: U.S. Economic Sanctions', Congressional Research Service, 3 February 2003, available at https://file.wikileaks.org/file/crs/RS20995.pdf.

111) Etel Soligen, *Nuclear Logics: Contrasting Paths in East Asia & the Middle East* (Princeton, NJ: Princeton University Press, 1997), pp. 82–99.

112) Elbridge Colby, 'Choose Geopolitics Over Nonproliferation', *National Interest*, 28 February 2014.

113) このような見方はたとえば韓国海洋戦略研究所所長であるLee Choon-gunが発言していて、イスラエルの核プログラムをアメリカが容認する例を指摘する。Jihae Lee, 'A Case for the Development of Nuclear Weapons in SK', Daily NK, 29 June 2015, http://www.dailynk.com/english/read.php?cataId = nk02501&num = 13310を参照。公然と核兵器を保有するために核拡散防止条約(NPT)から脱退するのは、条約に参加せず秘密裡に核保有するよりはるかに事態を悪化させることになる。

114) Philip Iglauer, 'Nuclear Weapons for South Korea', *Diplomat,* 14 August 2014, http://thediplomat.com/2014/08/ nuclear-weapons-for-south-korea/.

115) Hyon-Sang Ahn, 'Will South Korea Develop Nuclear Weapons?', paper presented at the research seminar 'Nuclear Proliferation Trends and Trigger Events', James Martin Center for Non-Proliferation Studies, Monterey, CA, Spring 2010. 外交官のAhnは個人の資格でこの文章を書いている。

116) Hayes, Moon and Bruce, 'Park Chung Hee, the US–ROK Strategic Relationship, and the Bomb'.

117) Iglauer, 'Nuclear Weapons for South Korea'.

118) Choi and Park, 'South Korea', Chapter 13, p. 395.

119) Lee Chung Min, 'South Korea's Strategic Thinking on North Korea and Beyond',

Asan Institute for Policy Studies, 7 October 2013, http://www.theasanforum.org/south-koreas-strategic-thinking-on-north-korea-and-beyond/.

第2章 日本

1）Katsuhisa Furukawa, 'Japan's Policy and Views on Nuclear Weapon:A Historical Perspective', *Jebat: Malaysian Journal of History, Politics, & Strategic Studies*, vol. 37, 2010, pp. 1–2. 日本が核兵器を開発して植民地だった朝鮮で核爆弾の実験を実施することにメリットはないと主張する。Walter E. Grunden, 'Hungnam and the Japanese Atomic Bomb: Recent Historiography of a Postwar Myth', Intelligence and National Security, vol. 13, no. 2, 1998を参照。

2）Masakatsu Ota, 'U.S. Weighed Giving Japan Nuclear Weapons in 1950s', *Japan Times*, 23 January 2015.

3）Richard Samuels and James L. Schoff, 'Japan's Nuclear Hedge: Beyond "Allergy" and Breakout', in Ashley J. Tellis, Abraham M. Denark and Travis Tanner（eds）, *Strategic Asia 2013–14: Asia in the Second Nuclear Age*（Washington DC: National Bureau of Asian Research, October 2013）, p. 237.

4）Robert S. Norris, William M. Arkin and William Burr, 'Where They Were', *Bulletin of the Atomic Scientists*, vol. 55, no. 6, December 1999, pp. 30–1.

5）US Department of State, 'Telegram from the Embassy in Japan to the Department of State', in *Foreign Relations of the United States, 1964–68*（Washington DC: US Government Printing Office, 2006）, available at https://history.state.gov/historicaldocuments/frus1964-68v29p2/d37.

6）Taka Daitoku, 'The Construction of a Virtual Nuclear State: Japan's Realistic Approach to an Emerging Nuclear Nonproliferation Regime, 1964–70', revised version of a paper presented to the Eidgenössische Technische Hochschule Zürich Center for Security Studies workshop 'Making of a Nuclear Order: Negotiating the Nuclear Non-Proliferation Treaty', Switzerland, 1 March 2014.

7）Furukawa, 'Japan's Policy and Views on Nuclear Weapon', pp. 9–10.

8）Yuri Kase, 'The Costs and Benefits of Japan's Nuclearization:An Insight into the 1968/70 Internal Report', *Nonproliferation Review*, Summer 2001.

9）Daitoku, 'The Construction of a Virtual Nuclear State'.

10）同上。

11）同上。

12） Michael J. Green and Katsuhisa Furukawa, 'Japan: New Nuclear Realism', in Muthiah Alagappa（ed.）, *The Long Shadow: Nuclear Weapons and Security in 21st Century Asia*（Stanford, CA: Stanford University Press, 2008）, Chapter 12, pp. 351–2 ; Nobumasa Akiyama, 'The Socio-political Roots of Japan's Non-Nuclear Posture', in Benjamin Self and Jeffrey Thompson（eds）, *Japan's Nuclear Option: Security, Politics and Policy in the 21st Century*（Washington DC: Henry L. Stimson Center, 2003）, p. 82.

13） Daitoku, 'The Construction of a Virtual Nuclear State'.

14） Nobumasa Akiyama, 'Japan's Disarmament Dilemma: Between the Moral Commitment and the Security Reality', in George P. Shultz and James Goodby（eds）, *The War That Must Never Be Fought:Dilemmas of Nuclear Deterrence*（Stanford, CA: Hoover Institution Press, 2015）, pp. 451–2; Kurt M. Campbell and Tsuyoshi Sunohara, 'Japan: Thinking the Unthinkable', in Kurt M. Campbell, Robert J. Einhorn and Mitchell Reiss（eds）, *The Nuclear Tipping Point: Why States Reconsider Their Nuclear Choices*（Washington DC: Brookings Institution Press, 2004）, p. 228.

15） Furukawa, 'Japan's Policy and Views on Nuclear Weapon', p. 20.

16） Green and Furukawa, 'Japan', pp. 349, 353.

17） Shamshad A. Khan, 'Japan's（Un）clear Nuclear Ambition', Institute for Defence Studies and Analysis, 11 July 2012, http://www.idsa.in/idsacomments/Japansclearnuclearambition_sakhan_110712.

18） 'Business-as-Usual Alteration of Nuclear Law Unsettling', 毎日新聞2012年７月２日。http://www.fukushima-is-stillnews.com/article-atomic-energybasic-law-part-4-107697948.html（リンク切れ）.

19） Llewelyn Hughes, 'Why Japan Will Not Go Nuclear（Yet）', *International Security*, vol. 31, no. 4, Spring 2007, p. 83; Mike M. Mochizuki, 'Japan Tests the Nuclear Taboo', *Nonproliferation Review*, vol. 14, no. 2, July 2007.

20） Akiyama, 'The Socio-political Roots of Japan's Non-Nuclear Posture', p. 67.

21） Jonathan Schell, *The Seventh Decade: The New Shape of Nuclear Danger*（Basingstoke: Palgrave Macmillan, 2007）, p. 145.

22） Hans Kristensen, 'Japan Under the US Nuclear Umbrella', The Nautilus Institute, 1999, http://nautilus.org/supporting-documents/japan-under-the-us-nuclear-umbrella/.

23） Green and Furukawa, 'Japan', p. 350.

24） Furukawa, 'Japan's Policy and Views on Nuclear Weapon', p. 24.

25) Green and Furukawa, 'Japan', p. 349.

26) Peter A. Clausen, *Nonproliferation and the National Interest* (New York: HarperCollins, 1993), pp. 87–9, 引用元は Motoya Kitamura, 'Japan's Plutonium Program:A Proliferation Threat?', *Nonproliferation Review*, Winter 1996.

27) Etel Solingen, *Nuclear Logics: Contrasting Paths in East Asia and the Middle East* (Princeton, NJ: Princeton University Press, 2007), p. 58.

28) Akiyama, 'Japan's Disarmament Dilemma', p. 437.

29) Maria Rost Rublee, 'The Threshold States: Japan and Brazil', Chapter 5 of Tanya Ogilvie-White and David Santoro (eds), Slaying the Nuclear Dragon: Disarmament Dynamics in the Twenty-First Century (Athens, GA: University of Georgia Press, 2012), p. 170.

30) Akiyama, 'Japan's Disarmament Dilemma', p. 444.

31) 安全保障の専門家との面談(東京・2014年11月)。

32) 例は Kenneth J. Pyle, *Japan Rising: The Resurgence of Japanese Power and Purpose* (Cambridge, MA: The Century Foundation, 2007), pp. 366–8から引用。

33) Sang-Moo Hwang, 'Ilbon Eui Haekmujang Chujinkwah Dongbukah Jungsae', KBS, 1 July 2012, cited in Samuels and Schoff, 'Japan's Nuclear Hedge', p. 256.

34) Etel Solingen, 'The Perils of Prediction: Japan's Once and Future Nuclear Status', in William C. Potter (ed.), *Forecasting Nuclear Proliferation in the 21st Century: A Comparative Perspective* (Stanford, CA: Stanford University Press, 2010), p. 155.

35) 著者によるインタビュー(東京・2014年11月)。

36) Donald S. Zagoria, 'NCAFP Factfinding Mission to Seoul, Taipei, Beijing and Tokyo 18 October–2 November, 2014', National Committee on American Foreign Policy, https://www.ncafp.org/2016/wp-content/uploads/2014/12/NCAFP-Asia-Trip-Report_November-2014.pdf.

37) Jacques E.C. Hymans, 'Veto Players, Nuclear Energy, and Nonproliferation: Domestic Institutional Barriers to a Japanese Bomb', *International Security*, vol. 36, no. 2, October 2011, p. 188. Llewelyn Hughes も日本は「一貫した国の戦略」としてヘッジングを実行してきたことはないと主張する。Hughes, 'Why Japan Will Not Go Nuclear (Yet)', p. 69を参照。

38) 久保卓也「防衛力整備の考え方」1971年2月2日, http:// www.ioc.u-tokyo.ac.jp/~worldjpn/ documents/texts/JPSC/19710220. O1J.html, 引用元は Hajime Izumi and Katsuhisa Furukawa, 'Not Going Nuclear: Japan's Response to North Korea's Nuclear

Test', *Arms Control Today,* June 2007.

39）引用元は Daitoku, 'The Construction of a Virtual Nuclear State'.

40）引用元は Furukawa, 'Japan's Policy and Views on Nuclear Weapon', p. 8.

41）Andrew L. Oros, 'Godzilla's Return: The New Nuclear Politics in an Insecure Japan', in Benjamin L. Self and Jeffrey W. Thompson（eds）, *Japan's Nuclear Option: Security, Politics, and Policy in the 21st Century*（Washington DC: Henry L. Stimson Center, 2003）, p. 51.

42）Sam Jameson, 'Official Says Japan Will Need Nuclear Arms if N. Korea Threatens', *Los Angeles Times*, 29 July 1993.

43）David Sanger, 'In Face-Saving Turn, Japan Denies Nuclear Know-How', *New York Times*, 22 June 1994.

44）細川護熙「米軍の日本駐留は本当に必要か」（フォーリン・アフェアーズ論文・通号40・1998年８月）。Morihiro Hosokawa, 'Are U.S. Troops in Japan Needed? Reforming the Alliance', *Foreign Affairs*, vol. 77, no. 4, July–August 1998, p. 5.

45）Ariel Levite, 'Never Say Never Again: Nuclear Reversal Revisited', *International Security*, vol. 27, no. 3, Winter 2002–03, p. 71.

46）'Japanese Official Quits After Backing Nuclear Armaments', *Chicago Tribune*, 21 October 1999.

47）'Tokyo Politician Warns Beijing It Can Go Nuclear "Overnight"', Agence France-Presse, 8 April 2002.

48）Howard W. French, 'Koizumi Aide Hints at Change to No Nuclear Policy', *New York Times*, 4 June 2002, p. 10.

49）'Koizumi Denies Change in NonNuclear Policy amid Reports of Officials Suggesting a Switch', Associated Press, 31 May 2002, 引用元は Eric Talmadge, 'Controversy over Remarks on Japan Nuclear Option', Disarmament Diplomacy, no. 65, July–August 2002, http://www. acronym.org.uk/dd/dd65/65nr07.htm（リンク切れ）.

50）Campbell and Sunohara, 'Japan', p. 230.

51）引用元は Furukawa, 'Japan's Policy and Views on Nuclear Weapon', p. 15.

52）Chester Dawson, 'In Japan, Provocative Case for Staying Nuclear', *Wall Street Journal*, 28 October 2011. および太田昌克との面談（信濃毎日新聞・2011年10月25日）、英訳は 'Nautilus Peace and Security – 13 November', *NAPSNet Weekly Report*, 12 November

2014, http://nautilus.org/napsnet/napsnet-weekly/nautilus-peace-and-security-13-november/

53)「無責任な首相の政策見直し論」(読売新聞・2011年８月10日)。「展望なき“脱原発”と決別を」(共同通信・2011年９月７日)。引用元は Masakatsu Ota, 'The Fukushima Nuclear Crisis and Its Political and Social Implications', in Bong Youngshik and T.J. Pempel (eds), *Japan in Crisis: What Will It Take for Japan to Rise Again?* (Seoul: Asan Institute for Policy Studies, 2013).

54) 'Japan Defense Chief Morimoto Sees Nuclear Plants as Deterrent, Favors 25% Option for Energy Mix', Kyodo, 12 September 2012, http://www.acronym.org.uk/news/201209/japan-defensechief-morimoto-sees-nuclearplants-deterrent-favors-25-optionenergy-mix (リンク切れ).

55) Robert Windrem, 'Japan Has Nuclear "Bomb in the Basement", and China Isn't Happy', NBC, 11 March 2014, http://www.nbcnews.com/storyline/fukushimaanniversary/japan-has-nuclearbomb-basement-china-isnthappy-n48976.

56) 著者によるインタビュー(2015年１月)。

57) ジャーナリストとの面談(東京・2014年11月)。

58) 日本はすでに核爆弾の起爆装置とその他必要な部品を開発したと主張する者もいる。こうした主張の根拠となっているのがサンデー・タイムズに1994年掲載された記事(Nick Rufford, 'Japan to "Go Nuclear" in Asian Arms Race', *Sunday Times*, 30 January 1994)で、イギリス国防省から合同情報委員会に提出されたといわれる報告書を引用している。ただ、同紙はセンセーショナリズムで知られ、記事化に際しては二重の情報源を必要としない。

59) James M. Acton, 'Wagging the Plutonium Dog: Japanese Domestic Politics and Its International Security Implications', Carnegie Endowment for International Peace, 29 September 2015, http://carnegieendowment.org/2015/09/29/wagging-plutonium-dog-japanese-domestic-politics-and-its-international-security-implications-pub-61425を参照。

60) Hughes, 'Why Japan Will Not Go Nuclear (Yet)', pp. 80–1.

61) Kitamura, 'Japan's Plutonium Pro-gram'.

62) US Energy Information Administration, 'Japan: International Energy Data and Analysis', 30 January 2015, http://www.eia.gov/beta/international/analysis.cfm?iso = JPN.

63) 原子力委員会は1956年、原子力の研究、開発および利用に関する初の長期計画としてこの目標を策定した。

64) Jeffrey W. Thompson and Benjamin L. Self, 'Nuclear Energy, Space Launch Vehicles,

and Advanced Technology: Japan's Prospects for Nuclear Breakout', in Benjamin L. Self and Jeffrey W. Thompson (eds), *Japan's Nuclear Option: Security, Politics, and Policy in the 21st Century*, (Washington DC: Henry L. Stimson Center, 2003), p. 151.

65）経済産業省「エネルギー基本計画」（2014年4月）, http://www.meti.go.jp/press/2014/04/20140411001/20140411001.html

66）日本ではMOX燃料の使用をプルサーマルと呼ぶが、これはプルトニウムと熱中性子炉（サーマルニュートロン・リアクター：高速増殖炉ではなく）を合成した和製英語である。

67）Acton, 'Wagging the Plutonium Dog'.

68）Kitamura, 'Japan's Plutonium Pro- gram'.

69）Douglas Birch, R. Jeffrey Smith and Jake Adelstein, 'Plutonium Fever Blossoms in Japan', The Center for Public Integrity, 19 May 2014, http://www.publicintegrity.org/2014/03/12/14394/ plutonium-fever-blossoms-japan.

70）Victor Gilinsky, Marvin Miller and Harmon Hubbard, 'A Fresh Examination of the Proliferation Dangers of Light Water Reactors', Nonproliferation Education Center, 22 October 2004, http://npolicy.org/ article.php?aid = 172#_ftn_Main_22.

71）当時、日米の原子力外交に関係していたアメリカ国務省のFred McGoldrickの話による。

72）同上。2010年、ジョージ・W・ブッシュ大統領によってインドに対しても同様な政策決定が図られた。

73）White House, 'Fact Sheet — Nonproliferation and Export Control Policy', 27 September 1993,http://fas.org/spp/starwars/offdocs/w930927.htmで閲覧できる。

74）奥山俊宏「米、六ヶ所再処理工場に懸念　プルトニウム増加止まらず」（朝日新聞・2014年4月13日）, http://ajw. asahi.com/article/behind_news/politics/AJ201404130029（リンク切れ）.

75）'Uranium for 20 Nukes Repatriated from Japan in Special U.S. Operation', （共同通信・2008年12月27日）.

76）東京でのインタビュー（2014年11月）。

77）Rublee, 'The Threshold States', p. 163.

78）Emma Chanlett-Avery and Mary Beth Nikitin, 'Japan's Nuclear Future: Policy Debate, Prospects, and U.S. Interests', Congressional Research Service, 19 February 2009, pp.

5–6, https://www.fas.org/sgp/crs/nuke/RL34487.pdfで閲覧できる。

79）'Japan's Nuclear Fuel Cycle Futures: Evaluating the Nonproliferation Impact of Japan's Nuclear Fuel Cycle Decisions', summary of a workshop co-hosted by the Center for Strategic and International Studies Proliferation Prevention Program and Hitotsubashi University, 20 November 2014, https://csis-prod.s3.amazonaws.com/s3fs-public/legacy_files/files/publication/141120_Report_Japan_Nuclear_Fuel_Cycle_Futures.pdf

80）47.8トンという数字はプルトニウムの総計。核分裂性プルトニウム（プルトニウム239とプルトニウム241）の合計は約30トンでうち6.3トンは日本国内に保管されている。信頼を醸成する目的で日本は1994年からプルトニウムの貯蔵量に関して自主的に公開してきた（高濃縮ウランの貯蔵量についてはこの限りではない）。2012年および2013年の国際原子力機関（IAEA）への年次報告において、日本は未稼働中の九州の原子力発電所に未使用のまま装荷されていたMOX燃料620キログラムの申告を忘れていた。2014年、この件の訂正は国内で物議をかもすとともに、中国からの非難を招くことになった。

81）2014年11月のインタビュー。

82）「輸入MOX994億円＝ウラン燃料の９倍も」（時事通信・2014年２月22日）。

83）Douglas Birch, 'The Projected Cost of the Government's Most Expensive Nonproliferation Effort Rises Again', Center for Public Integrity, 23 April 2015, https://www.publicintegrity.org/2015/04/23/17218/projected-cost-governments-most-expensive-nonproliferation-effort-rises-again

84）Acton, 'Wagging the Plutonium Dog'.

85）Masafumi Takubo and Frank von Hippel, 'Ending Reprocessing in Japan: An Alternative Approach to Managing Japan's Spent Nuclear Fuel and Separated Plutonium', International Panel on Fissile Materials, November 2013, http://fissilematerials.org/library/rr12.pdf.

86）'Japan's Nuclear Fuel Cycle Futures'.

87）鈴木達治郎へのインタビュー（2014年10月）。

88）Fred McGoldrick, 'IAEA Custody of Japanese Plutonium Stocks: Strengthening Confidence and Trans parency', *Arms Control Today,* September 2014.

89）鈴木達治郎へのインタビュー（2014年10月）。鈴木は政策論争当時、原子力委員会委員長代理を務めていた。

90）Ministry of Foreign Affairs of the People's Republic of China, 'Foreign Ministry Spokesperson Hua Chunying's Regular Press Conference on February 17, 2014', http://

www.fmprc.gov.cn/mfa_eng/xwfw_665399/s2510_665401/2535_665405/t1129283.shtml（リンク切れ）.

91）東京でのインタビュー（2015年1月）。

92）'Security Implications of the Nuclear Fuel Cycle: Report of the Monterey Eminent Persons Group', James Martin Center for Nonproliferation Studies, October 2014, https://www.nonproliferation.org/wp-content/uploads/2014/10/141028_nuclear_fuel_cycle_security_implications_lewis.pdf

93）US Department of Energy, 'Additional Information Concerning Underground Nuclear Weapon Test of Reactor-Grade Plutonium', 1994, https://www.osti.gov/opennet/forms.jsp?formurl = document/press/pc29.html. 1962年の実験が本当に原子炉級プルトニウムを使ったのかどうかという議論については、Gregory S. Jones, 'What Was the Pu-240 Content of the Plutonium Used in the U.S. 1962 Nuclear Test of Reactor-Grade Plutonium?', Nonproliferation Policy Education Center, 6 May 2013, http://www.npolicy.org/article.php?aid = 1212&rt = &key = What Was the Pu-240 Content of the Plutonium Used in the U.S. 1962 Nuclear Test of Reactor-Grade Plutonium?&sec = article&author =を参照。

94）Selig Harrisonは20年前に常陽約40キログラム、もんじゅ10キログラムのプルトニウムが存在すると報告していた。Selig S. Harrison, 'Unclassified Working Papers', Appendix 3 in *Japan's Nuclear Future: The Plutonium Debate and East Asian Security*, Commission to Assess the Ballistic Missile Threat to the United States, 15 July 1996, http://www. fas.org/irp/threat/missile/rumsfeld/ pt2_selig.htm. 数値の更新に関してはこの件の情報源に教示していただいた（東京・2015年10月）。

95）鈴木達治郎へのインタビュー（2014年10月）。

96）Selig Harrison, 'North Korea and the Future of East Asia Nuclear Stability', in N.S. Sisodia, V. Krishnappa and Priyanka Singh（eds）, *Proliferation and Emerging Nuclear Order in the Twenty-First Century*（New Delhi: Academic Foundation, 2009）, pp. 49–50.

97）Samuels and Schoff, 'Japan's Nuclear Hedge', p. 241.

98）高瀬一生・坪井正徳・森茂・小林清「H-IIBロケット第2段による制御落下実験の成功」（三菱重工技法・2011年第48巻第4号）。http://www.mhi.co.jp/technology/review/pdf/484/484017.pdf.

99）Furukawa, 'Japan's Policy and Views on Nuclear Weapon', p. 20.

100）Self and Thompson, 'Nuclear Energy, Space Launch Vehicles, and Advanced Technology', p. 173; James L. Schoff, *Realigning Priorities: the U.S.–Japan Alliance and the Future of Extended Deterrence*（Cambridge, MA: Institute for Foreign Policy Analysis, 2009）, p. 45.

101）Self and Thompson, 'Nuclear Energy, Space Launch Vehicles, and Advanced Technology', p. 173.

102）Dawson, 'In Japan, Provocative Case for Staying Nuclear'.

103）Schoff, 'Realigning Priorities', p. 47.

104）同上，pp. 47–9.

105）この所見に関してはJames Actonに負っている。

106）Paul Levanthal, 引用元はGeoff Brumfiel, 'Nuclear Proliferation Special: We Have the Technology', Nature, 25 November 2004, p. 432.

107）Vladimir Orlovへのインタビュー（2015年１月）。

108）Windrem, 'Japan Has Nuclear "Bomb in the Basement", and China Isn't Happy'を参照。

109）Jeffrey Lewis, ' N Minus Six Months', Arms Control Wonk, 6 January 2007, http://lewis.armscontrolwonk.com/archive/1344/n-minus-six-months.

110）田村秀男「核弾頭試作に３年以上」（産経新聞・2006年12月25日）。

111）US Deputy Director of National Intelligence, 'National Intelligence Estimate Number 4–66: The Likelihood of Further Nuclear Proliferation', 20 January 1966, National Security Archive, http:// www.gwu.edu/~nsarchiv/NSAEBB/NSAEBB155/prolif-12.pdf.

112）US Director of Central Intelligence, 'National Intelligence Estimate Number 4–67: Proliferation of Missile Delivery Systems for Nuclear Weapons', National Security Archive, 26 January 1967, http://nsarchive.gwu.edu/NSAEBB/ NSAEBB155/prolif-14b.pdf.

113）'A Primer on the Future Threat, the Decades Ahead: 1999–2020', 引用元はRowan Scarborough, Rumsfeld's War: *The Untold Story of America's AntiTerrorist* Commander（Washington DC: Regnery, 2004）, p. 149.

114）Schoff, 'Realigning Priorities', p. 44を参照。

115）Thompson and Self, 'Nuclear Energy, Space Launch Vehicles, and Advanced Technology', pp. 165–6.

116）Schoff, 'Realigning Priorities', p. 44.

117）同上，p. 26.

118）Zbigniew Brzezinski, *The Fragile Blossom: Crisis and Change in Japan*（New York: Harper and Row, 1972）; John J. Mearsheimer, 'Why We Will Soon Miss the Cold War', in Andrei G. Bochkarev and Don L. Mansfield（eds）, *The United States and the USSR in a Changing World*（Boulder, CO: Westview Press, 1992）; Kenneth N. Waltz, 'The Emerging Structure of International Politics', *International Security*, vol. 18, no. 2, Autumn 1993, pp. 44–79.

119）CIA, 'Nuclear Weapons Production in Fourth Countries: Likelihood and Consequences', national intelligence estimate no. 100-6-57, 18 June 1957, National Security Archive, http://nsarchive.gwu.edu/NSAEBB/NSAEBB155/prolif-2.pdf. 国家情報部は日本は「今後10年以内のうちに兵器製造プログラムを進展させることになる」と推定していた。

120）引用元はSolingen, *Nuclear Logics*, p. 66にある調査。

121）Japan Defense Agency, 'Concerning the Problem of the Proliferation of Weapons of Mass Destruction', 1995, p. 34, http://www.ucsusa.org/assets/ documents/nwgs/1995j-dastudy. pdf. In common Japanese fashion, the language employed a double negative to qualify the assertion.

122）See Harrison, 'North Korea and the Future of East Asia Nuclear Stability', p. 45; Campbell and Sunohara, 'Japan', p. 231.

123）防衛省『平成26年版防衛白書』（'Defense of Japan 2014', p. 179, http://www.mod.go.jp/e/publ/w_ paper/2014.html.

124）オリジナルのノドンは1000キログラムの核弾頭を搭載、射程は約900キロメートル。東京は射程外だが、名古屋や西日本の各市が射程におさまる。2010年に初めて公開されたノドン派生型は核弾頭重量750キログラムまで減少して射程は1600キロメートルに拡大した。Mark Fitzpatrick（ed.）, *North Korean Security Challenges: A Net Assessment*（London: IISS, 2011）, p. 135を参照。

125）Matake Kamiya, 'A Disillusioned Japan Confronts North Korea', *Arms Control Today*, May 2003.

126）Izumi and Furukawa, 'Not Going Nuclear'.

127）テレビ朝日世論調査（2006年10月）。http://www.tv-asahi.co.jp/hst/poll/200610/.

128）Izumi and Furukawa, 'Not Going Nuclear'.

129）Christopher W. Hughes, 'North Korea's Nuclear Weapons: Implications for the Nuclear Ambitions of Japan, South Korea, and Taiwan', Asia Policy, no. 3, January 2007, p. 87.

130）Izumi and Furukawa, 'Not Going Nuclear'.

131）Robert Zarate, 'America's Allies and Nuclear Arms: Assessing the Geopolitics of Nonproliferation in Asia', Foreign Policy Initiative, 6 May 2014 を参照。http://www.foreignpolicyi.org/content/america%E2%80%99s-allies-and-nuclear-arms-assessing-geopolitics-nonproliferation-asia.

132）東京でのインタビュー（2014年11月）。

133）秋山信将によるIISSワークショップでのプレゼンテーション（ソウル・2014年10月27日）。

134）東京でのインタビュー（2014年11月）。

135）ワシントンでのインタビュー（2015年３月）。

136）「中国はなぜ核兵器の近代化を進めるのか」（2015年３月24日・カーネギー財団2015年国際核政策会議のパネルディスカッション）。http:// carnegieendowment.org/2015/03/24/ why-is-china-modernizing/hz37.

137）Brad Roberts, 'Extended Deterrence and Strategic Stability in Northeast Asia', National Institute of Defense Studies, 9 August 2013, pp. 30–1, http://www.nids.go.jp/english/publication/visiting/pdf/01.pdf.

138）アメリカ政府当局者とのインタビュー（ワシントン・2015年３月）。

139）東京でのインタビュー（2015年１月）。

140）Solingen, *Nuclear Logics*, p. 59.

141）アメリカの2014年の中国への輸出は総計で1240億ドル、日本への輸出総額は670億ドル。中国からの輸入総額は4670億ドルで、日本からの輸入総額は1340億ドルだった。アメリカ国勢調査局による数値はhttps://www.census.gov/foreign-trade/balance/c5880.htmlで閲覧できる。

142）Samuels and Schoff, 'Japan's Nuclear Hedge', p. 245, 引用元は産経新聞。2013年２月22日。

143）Michael Greenへのインタビュー（2014年10月）。Greenも接触を受けた１人で、本人は共和党の大統領候補ジョン・マケイン陣営のアジア政策を担当していた。

144）岡田克也からヒラリー・クリントンへの書簡（2009年12月24日）。英訳は非公式。http:// icnndngojapan.files.wordpress. com/2010/01/20091224_okada_ letter_en.pdf.

145）Roberts, 'Extended Deterrence and Strategic Stability in Northeast Asia', p. 25.

146）Michito Tsuruoka, 'Why the NATO Nuclear Debate Is Relevant to Japan and Vice Versa', German Marshall Fund of the United States, 8 October 2010, http://www.gmfus.org/publications/why-nato-nuclear-debate-relevant-japan-and-vice-versa

147）Samuels and Schoff, 'Japan's Nuclear Hedge', p. 246.

148）神保謙との面談（2014年11月）。

149）防衛省「平成26年度以降に係る防衛計画の大綱について」2013年12月17日。http://www.mod.go.jp/j/approach/agenda/guideline/2014/pdf/20131217.pdf.

150）外務省「日米防衛協力のための指針」2015年４月27日。http://www.mofa.go.jp/mofaj/files/000078187.pdf

151）神保謙との面談（2014年11月）。

152）Justin McCurry and Tania Branigan, 'Obama Says US Will Defend Japan in Island Dispute with China', Guardian, 24 April 2014.

153）Bruno Tertrais, 'Drawing Red Lines Right', *Washington Quarterly*, Autumn 2014.

154）戦略国際問題研究所政策フォーラムでの安倍晋三の講演（ワシントンDC・2013年２月22日）。https://csis-prod.s3.amazonaws.com/s3fs-public/legacy_files/files/attachments/132202_PM_Abe_TS.pdf.

155）Robert A. Manning, 'The Future of US Extended Deterrence in Asia to 2025', Atlantic Council, October 2014, http://www.atlanticcouncil.org/publications/reports/the-future-of-us-extended-deterrence-in-asia-to-2025. Aaron L. Friedberg, *Beyond Air–Sea Battle: The Debate Over US Military Strategy in Asia*（Abingdon: Routledge for the IISS, 2014）.

156）Furukawa, 'Japan's Policy and Views on Nuclear Weapon', p. 23. アメリカ当局者とのインタビュー（2015年３月）。

157）Zagoria, 'NCAFP Fact-finding Mission to Seoul, Taipei, Beijing and Tokyo 18 October – 2 November, 2014'.

158）Green and Furukawa, 'Japan', pp. 358–9.

159）Pew Research Center, 'Americans, Japanese: Mutual Respect 70 Years after the End of WWII', 7 April 2015, http://www.pewglobal.org/2015/04/07/americans-japanese-mutual-respect-70-years-after-the-end-of-wwii/.

160）Mochizuki, 'Japan Tests the Nuclear Taboo', p. 314; Green and Furukawa, 'Japan', p.

348.

161）Samuels and Schoff, 'Japan's Nuclear Hedge', p. 257. これに関連するモデルは非核三原則を公然と緩和し、アメリカの核搭載艦船や航空機の通過を許可することを含む。

162）Dawson, 'In Japan, Provocative Case for Staying Nuclear'.

163）Kamiya, 'A Disillusioned Japan Confronts North Korea', p. 67.

164）世論調査「安倍内閣支持（略）71.4%、不支持21.8%。北朝鮮に対して圧力より対話を重視57.6%'」（フジテレビ・2013年 4 月21日）。http://jin115.com/archives/51944442.html.

165）Solingen, *Nuclear Logics*, p. 66; Samuels and Schoff, 'Japan's Nuclear Hedge', p. 251.

166）佐藤行雄とのインタビュー（2014年11月）。

167）Manning, 'The Future of US Extended Deterrence in Asia to 2025', p. 4.

168）Kumao Kaneko, 'Japan Needs No Umbrella', *Bulletin of the Atomic Scientists*, vol. 52, no. 2, March– April 1996.

169）Hymans, 'Veto Players, Nuclear Energy, and Nonproliferation', p. 180.

170）World Bank, 'Merchandise Trade（% of GDP）', http://data.worldbank.org/indicator/TG.VAL.TOTL.GD.ZS

171）Izumi and Furukawa, 'Not Going Nuclear'.

172）Reiji Yoshida, 'National Security Debate Mushrooming Since Oct 9', *Japan Times*, 25 November 2006.

173）Brad Roberts, 'Extended Deterrence and Strategic Stability in Northeast Asia'.

174）David Santoro, 'Will America's Asian Allies Go Nuclear?', National Interest, 30 January 2014を参照。http://nationalinterest.org/commentary/will-americas-asian-allies-go-nuclear-9794.

175）Elbridge Colby, 'Choose Geopolitics Over Nonproliferation', *National Interest*, 28 February 2014, http://nationalinterest.org/commentary/choose-geopolitics-over-nonproliferation-9969

176）引用元は Mitsuru Kurosawa, 'East Asian Regional Security and Arguments for a Nuclear Japan', paper presented at the Hiroshima Peace Institute workshop 'Prospects for East Asian Nuclear Disarmament', Hiroshima, 11–12 March 2004.

177） David Frum, 'Mutually Assured Disruption', *New York Times*, 20 October 2006.

178） Katsuhisa Furukawa, 'Japan's Nuclear Option', in James J. Wirtz and Peter R. Lavoy (eds), *Over the Horizon Proliferation Threats* (Stanford, CA: Stanford University Press, 2012), p. 28.

179） Campbell and Sunohara, 'Japan', p. 246.

第3章　台湾

1） Derek J. Mitchell, 'Taiwan's Hsin Chu Program: Deterrence, Abandonment and Honor', in Kurt Campbell et al. (eds), *The Nuclear Tipping Point: Why States Reconsider Their Nuclear Choices* (Washington DC: Brookings Institution Press, 2004). この計画名は実態を隠匿するためのものだった。新竹は台北の真南に位置する町で、国立清華大学の本部が置かれているが、大学はこの計画と関係していない。

2） Monte Bullard, 'Taiwan and Nonproliferation', Nuclear Threat Initiative, May 2005, http://www.nti.org/analysis/articles/taiwan-and-nonproliferation/.

3） 技術的な問題は当初はプルトニウムの生産に限られ、1975年末でようやく15キログラム、78年まででおおよそ30キログラムを産出していたといわれる。David Albright and Corey Gay, 'Taiwan: Nuclear Nightmare Averted', *Bulletin of the Atomic Scientists*, vol. 54, no. 1, January–February 1998, p. 57を参照。

4） 同上。ホットセルはコンクリート壁で遮断され、マニピュレーターを使って遠隔操作する。David AlbrightとCorey Gayは台湾の当局者による話として、このホットセルから分離できたプルトニウムは年間わずか15グラム前後にとどまったと記している。核兵器製造に必要とされる４～８キログラムのうちのごくわずかな量にすぎない。

5） Alan K. Chang, 'Crisis Avoided: The Past, Present and Future of Taiwan's Nuclear Weapons Program', MA thesis, Hawaii Pacific University, Autumn 2011, p. 31, http://www.hpu.edu/CHSS/History/ GraduateDegree/MADMSTheses/files/alanchang.pdf.

6） 同上, p. 79. 2004年に中国語で書かれた*Lost Secret Files of the Taiwan Military*という本からChangは引用している。

7） Robert S. Norris, William M. Arkin and William Burr, 'Where They Were', *Bulletin of the Atomic Scientists*, vol. 55, no. 6, November 1999, pp. 26–35, available at http://bos.sagepub.com/content/55/6/26. full. 1958年から62年には核弾頭を搭載した巡航ミサイル、マタドールも台湾に配備されていた。

8） James G. Poor, 'Prospects for Further Proliferation of Nuclear Weapons', CIAから米原子力委員会に渡された機密メモ。 National Security Archive, 4 September 1974.

9）Edward Schumacher, 'Taiwan Seen Reprocessing Nuclear Fuel', *Washington Post*, 29 August 1976, p. A1.

10）Director of Central Intelligence, 'Prospects for Arms Production and Development in Republic of China', 関連情報機関による備忘録。 May 1976, pp. 8–9; cited in Jeffrey T. Richelson, *Spying on the Bomb: American Nuclear Intelligence from Nazi Germany to Iran and North Korea*（New York: W.W. Norton & Company, 2006）, p. 275.

11）William Burr, 'US Opposed Taiwanese Bomb During 1970s', National Security Archive, http://www2.gwu.edu/~nsarchiv/nukevault/ebb221/で閲覧できる。

12）Albright and Gay, 'Taiwan'. AlbrightとGayによると、台湾は「再処理施設を解体」したが、ホットセルと小規模なプルトニウム燃料化学研究所以外、台湾のどの施設であるのかはっきりしていない。

13）Hau Pei-tsun, Banian Canmo Zongzhang Riji（Taipei: Commonwealth Publishing, 2000）, pp. 205, 217, 294, 327. 引用元はChang, 'Crisis Avoided'.

14）Monte Bullard and Jing-dong Yuan, 'Taiwan and Nuclear Weaponization: Incentives versus Disincentives', in William C. Potter and Gaukhar Mukhatzhanova（eds）, *Forecasting Nuclear Proliferation in the 21st Century: A Comparative Perspective*, Volume 2（Stanford, CA: Stanford University Press, 2010）, p. 185.

15）Mitchell, 'Taiwan's Hsin Chu Program', p. 295.

16）Burr, 'US Opposed Taiwanese Bomb During 1970s';「再度の核オプション」在台湾アメリカ大使から国務省への外交公電第182号（1979年1月10日）。

17）Hau Diary, 11 November 1983, p. 429, cited in Chang, 'Crisis Avoided'.

18）同上, 26 January 1984, p. 469.

19）Chang, 'Crisis Avoided', pp. 88–9.

20）「台湾の元国防部参謀総長、核兵器プログラムを詳述」（共同通信・2000年1月5日）。台湾が核兵器を開発する最後の一歩だとこれを評したJeremy Stoneもまた、共同の誤報に振り回された1人だった。Jeremy J. Stone, 'Note to Blowing the Whistle', Catalytic Diplomacy, http://catalytic-diplomacy.org/ endnote.php?ch = Blowing + the + Whistle&order = 17&en = 59を参照。

21）Hau diary, 20 January 1988, p. 1,270.

22）同上, 17 January 1988, p. 1,296.

23）同上, 13 February 1988, p. 1,283.

24）David Albright, Franz Berkhout and William Walker, *Plutonium and Highly Enriched Uranium 1966: World Inventories, Capabilities and Policies*（Oxford: SIPRI and Oxford University Press, 1997）, p. 367. 通常、研究炉は低燃焼度で運転され、同位体プルトニウム239の重量比が高いプルトニウムを生産するので、核兵器を製造するには理想的だ。

25）Author's interviews in Taiwan, January 2015. See also Mark Hibbs, 'Taiwan Conducted, then Halted Experiments to Produce U-233', *Nucleonics Week*, 23 June 2005.

26）Albright and Gay, 'Taiwan', p. 57.

27）台湾およびアメリカ当局者へのインタビュー（2015年１月および５月）。計算量1.2キログラムのプルトニウムは1997年にDavid Albrightが見積もった６キログラムに比べるとかなり少ない。Albright, Berkhout and Walker, *Plutonium and Highly Enriched Uranium* 1966, p. 368. 1.2キログラムの確認についてはMitchell, 'Taiwan's Hsin Chu Program', pp. 301–2を参照。

28）Gerald Segal, 'Taiwan's Nuclear Card', *Wall Street Journal*, 5 August 1998.

29）Jeremy Stone, 'Blowing the Whistle on Nuclear Plans', Catalytic Diplomacy, http://catalytic-diplomacy.org/chapter.php?order = 17#en_59.

30）Chian, Fu, *Qian Fu Hui Yi Lu Juan Yi: Wai Jiao Feng Yu Dong*（Taipei: Tien Hsia Yuan Chien Publishing, 2005）, p. 337. 引用元はChang, 'Crisis Avoided'.

31）しかしながらAlbrightとGayは「台湾は核爆発の発生についてもきわめて多くを学んだ」と書いている。Albright and Gay, 'Taiwan', p. 60を参照。

32）Taiwan Legislative Yuan Meeting Note, series 23, March 1988, item 19. Cited in Chang, 'Crisis Avoided'.

33）研究者との面談（台湾・2015年１月）。

34）核能研究所によるブリーフィング（2015年１月）。

35）Mark Hibbs, 'Taiwan and the "Gold Standard"', Arms Control Wonk, 23 July 2012, http://hibbs. armscontrolwonk.com/archive/941/taiwan-and-the-gold-standard.

36）イギリスの再処理施設は2018年に閉鎖、ロシアのマヤーク核技術施設は安全性が確保されておらず、日本の六ヶ所再処理工場はまだ稼働していないことから、契約はフランスのラ・アーグで商業用再処理事業を行うアレヴァと交わされる公算が高い。'Taipower Seeks Reprocessing Contract', *Nuclear Intelligence Weekly*, 20 February 2015を参照。また123協定の新条項で1997年のような一件の再発が阻止されることになるだろう。この事件は台湾電力公司が北朝鮮の商社とのあいだで放射性廃棄物の管理契約を結び、韓国国境の北90キロメートルにある炭鉱に低レベル放射性廃棄物が入った

ドラム缶6万本を貯蔵するというものだった。契約は韓国と日本の抗議で廃棄されている。

37) Vincent Wei-Cheng Wang, 'Taiwan: Conventional Deterrence, Soft Power, and the Nuclear Option', in Muthiah Alagappa (ed.), *The Long Shadow: Nuclear Weapons and Security in 21st Century Asia* (Stanford, CA: Stanford University Press, 2008), p. 417.

38) Mark Hibbs, 'Seven Taiwanese Overexposed During INER Spent Fuel Movements in 1991', *Nuclear Fuel*, 19 February 2001.

39) Mark Hibbs, 'IAEA Found Undisclosed Activity on Taiwan in 1995 Inspections', *Nucleonics Week*, 15 February 2001.

40) Hibbs, 'Taiwan Conducted, Then Halted Experiments to Produce U-233'.

41) 同上。

42) Chung-Kuo Shih-Pao, 'IAEA Demands Documents from Taiwan's Former Nuclear Weapons Program', 22 January 2007, 引用元はBullard and Yuan, 'Taiwan and Nuclear Weaponization'.

43) Mark Hibbs, 'Centrifuge Design Proliferation Raises Questions about Taiwan Lab', *Nuclear Fuel*, 2 February 2004.

44) Mark Hibbs, 'No U enrichment Program Under "Non-nuclear" Policy, Taiwan Asserts', *Nuclear Fuel*, 24 May 2004.

45) 2014年9月、ワシントンを拠点とするある専門家は著者に対し、確たる結論についてはまだ準備中のため、匿名を条件に次のように語ってくれた。台湾の研究家——そのなかには中山科学研究院(CSIST)の関係者もいる——が書いたある種の論文からはガス遠心分離との関連性をもつ複合技術への習熟がうかがえる。また、冶金工学者のマルエージング鋼製肉薄チューブ製造に関する論文では、パキスタンのアブドゥル・カディール・カーン博士が共著となっている論文が引用されていたと指摘する。博士は核技術の地下ネットワークの構築者として悪名が高い。

46) Kevin Murphy, 'Taiwan Dusts Off Nuclear Threat in Its Dispute With Beijing', *New York Times*, 29 July 1995.

47) Joyce Liu, 'Taiwan Won't Make Nuclear Weapons, Says President', *Reuters*, 31 July 1995.

48) 引用元はSegal, 'Taiwan's Nuclear Card'.

49) 同上。

50) Bullard, 'Taiwan and Nonprolifer-ation'.

51) Ta Kung Pao newspaper, 29 December 1999, cited in Stone, 'Note to Blowing the Whistle'.

52) Weixing Wang, 'Taiwan hewu qizhimi' (The Mystery Surround Taiwan's Nuclear Weapon), Shijie Zhishi (World Knowledge), Issue 20, 2003. Cited by Chang, pp. 126–7.

53) 台北でのインタビュー（2015年８月）。

54) 'Taiwan Needs Nuclear Deterrent', *Taipei Times*, 13 August 2004, http://www. taipei-times.com/News/editorials/archives/2004/08/13/2003198573.

55) Stone, 'Blowing the Whistle on Nuclear Plans'.

56) Craig S. Smith, 'Taiwan May Have Experimented with Atomic Bomb Ingredient', *New York Times*, 14 October 2004. にもかかわらず、それから３年後、立法院で「台湾はインドと北朝鮮から兵器関連の支援を得ているのではないのか」という信じがたい話が国会議員の蘇起によって問いただされた。'Shui Xieloule Taiwan Fazhan Hewu de Juem?', *Asia Weekly*, 15 November 2007を参照。この件に関しては、総統の陳水扁は外国人記者クラブにおいても質疑応答がほとんどないまま言下に否定していた。Wendell Minnick, 'Taiwan President Denies Nuclear Weapons Research', *Defense News*, 29 October 2007 を参照。なお http://minnickarticles. blogspot. tw/2009/09/taiwan-president-denies-nuclear-weapons.htmlで閲覧できる。

57) Ko Shu-ling, 'Taiwan Premier Heralds "Balance of Terror"', *Taipei Times*, 26 September 2004, 引用元は Bullard Bullard, 'Taiwan and Nonproliferation'.

58) 元民主進歩党高官との通信による（2015年１月）。

59) 台北でのインタビュー（2015年１月）。

60) Paul Kerr, 'IAEA Investigating Egypt and Taiwan', *Arms Control Today*, 1 January 2005, http://www. armscontrol.org/act/2005_01-02/Egypt_Taiwan

61) Huang Tai-lin, 'NSC Mulls How to Make "Code of Conduct" a Reality', *Taipei Times*, 11 November 2004.

62) アメリカの元政府高官とのインタビューによる（ワシントン・2014年９月および10月）。

63) Mark Hibbs, 'Taiwan and the "Gold Standard"'. 1971年に台湾が国連と関連機関から脱退すると、台湾の保障措置継続を確かなものにするため、アメリカ、国際原子力機関（IAEA）の三者間で保障措置協定がかわりに締結され、アメリカに対して台湾の保障措置を実施する管理権が認められた。

64）Bullard and Yuan, 'Taiwan and Nuclear Weaponization, pp. 189–90.

65）台北でのインタビュー（2015年１月および８月）。

66）Mitchell, 'Taiwan's Hsin Chu Program', p. 302では「台湾のエンジニアは８年から10年と見積もっている」がMitchell本人はさらに短いスケジュールで考えている。

67）Bullard and Yuan, 'Taiwan and Nuclear Weaponization', p. 201.

68）台湾は長距離ミサイルをもっておらず、現在、射程600キロメートルの巡航ミサイル雄風-2E（HF-2E）を開発しているが、詳細についてはあまりよくわかっていない。軍備管理の専門家Jeffrey Lewisは、ミサイルに使用されてきた関連システム、運搬車両の規模から判断すると直径はおおよそ50〜60センチと考えている。これは中国が初期のミサイルシステムで開発し、カーン博士がリビアに売ったという900センチよりもはるかに小さい。博士のネットワークでは、Lewisが直径約60センチと推定するさらに精巧な兵器が設計されてきた。Jeffrey Lewis, 'Red Bird Express', Arms Control Wonk, 25 January 2015, http://www.armscontrolwonk.com/archive/207496/red-bird-express/; Jeffrey Lewis, 'Pakistani Design in Switzerland', *Arms Control Wonk,* 17 June 2008, http://www.armscontrolwonk.com/archive/201916/pakistani-design-in-switzerland/ .

69）Wang, 'Taiwan', p. 418.

70）Mitchell, 'Taiwan's Hsin Chu Program', pp. 193–4.

71）Wang, 'Taiwan', p. 422.

72）'PLA Aiming 1,500 Missiles at Taiwan: Defense Ministry', *Want China Times*, 1 Septemebr 2015, http://www.wantchinatimes.com/news-subclass-cnt.aspx?id = 20150901000073&cid = 1101.（リンク切れ）: http://missilethreat.com/pla-aiming-1500-missiles-at-taiwan-defense-ministry/

73）このときのミサイル実験には、李登輝総統に「ひとつの中国」政策から逸脱してはならないという強いメッセージがこめられていた。

74）台湾国防部によるブリーフィング（2015年８月）。

75）一例としてJoachim Krause, 'Assessing the Danger of War: Parallels and Differences between Europe in 1914 and East Asia in 2014', *International Affairs*, vol. 90, no. 6, 2014, p. 1,436を参照。

76）台北での面談（2015年１月）。

77）こうした兵力には「空母キラー」と呼ばれる弾道ミサイル東風-21D（DF-21D）や

統合防空システムのほか、高品質のプラットフォームやセンサー、指揮統制、通信システムが含まれる。Elbridge Colby, 'Welcome to China and America's Nuclear Nightmare', *National Interest*, 19 December 2014を参照。

78）Mitchell, 'Taiwan's Hsin Chu Program', p. 310.

79）Bullard, 'Taiwan and Nonproliferation'.

80）'China's Xi Says Political Solution for Taiwan Can't Wait Forever', *Reuters*, 6 October 2013.

81）'Xi Stresses Cross-Strait Peaceful Development', China.org.cn, 5 March 2015, http://china.org.cn/china/NPC_CPPCC_2015/201503/05/content_34963417.htm（リンク切れ）。

82）Alan D. Romberg の翻訳による。'Squaring the Circle: Adhering to Principle, Embracing Ambiguity', China Leadership Monitor, July 2015, p. 9, http://www.hoover.org/sites/default/files/research/docs/ clm47ar.pdf.

83）Bonnie Glaser and Jacqueline Vitello, 'Tough Times Ahead if the DPP Returns to Power?', PacNet, no. 41, 20 July 2015, http://csis.org/files/publication/Pac1541.pdf.

84）これは香港やマカオで実施されている「一国二制度」とは異なる。1980年代初期、そもそもこの制度を鄧小平が構想した際、鄧小平は台湾に適応させる意図をもっていた。最終的に両岸が再統一される立場を中国はとり続けている。台湾では「一国二制度」という言葉は政治的な弊害をもたらすことをわきまえ、北京は概してこの言葉の使用を避けるが、2014年９月に台湾統一団体連合訪問団と会見した際、習近平は「一国二制度」を口にしていた。詳しくはLawrence Chung, '"One Country, Two Systems" Right Formula for Taiwan, Xi Jinping Reiterates', 27 September 2014を参照。

85）William Lowther, Tsai Vows "Consistent" Cross-strait Ties', *Taipei Times*, 5 June 2015.

86）Glaser and Vitello, 'Tough Times Ahead if the DPP Returns to Power?'

87）核拡散防止の2010年文章で台湾の章を執筆した２名は、民進党の新潮流系の有力メンバーは、国の独立を守るために独自の核抑止力をもつことを提唱していると非難した。詳しくはBullard and Yuan, 'Taiwan and Nuclear Weaponization', p. 192を参照。しかし、非難のために２名が引用した新聞記事はこれに関してまったく言及していない。2015年８月、私は台湾で１週間にわたる面談を行ったが、民進党関係者はいずれも党内で核兵器を推進する人間の話など聞いたことはないと断言していた。

88）台北でのインタビュー（2015年８月）。

89）これについはBill Owens, 'America Must Start Treating China as a Friend', *Financial Times*, 17 November 2009; Charles Glaser, 'Will China's Rise Lead to War?', *Foreign Affairs*, March–April 2011; Ted Galen Carpenter, 'The Ticking Taiwan Time Bomb', *Na-*

tional Interest, 20 April 2011; Paul V. Kane, 'To Save Our Economy, Ditch Taiwan', *New York Times*, 10 November 2011などを参照。

90)「各締約国は西太平洋地域においていずれか一方の領域に対して行われる武力攻撃が自国の平和及び安全を危うくするものであることを認め、自国の憲法上の手続きに従って共通の危険に対処するように行動することを宣言する」米華相互防衛条約第５条，http://www. taiwandocuments.org/mutual01.htm.

91）Bill Clinton, *My Life*（London: Arrow Books, 2004）, p. 208.（邦訳『マイライフ：クリントンの回想』ビル・クリントン著、楡井浩一訳、朝日新聞社、2004年９月）

92）Wade Boese, 'Bush Approves Major Arms Deal to Taiwan, Defers to Aegis Sale', *Arms Control Today*, May 2001.

93）北東アジアにおけるアメリカの核抑止力の将来について述べたアトランティクカウンシルのレポートはその好例だ。Robert A. Manning, 'The Future of US Extended Deterrence in Asia to 2025', Atlantic Council, October 2014, http://www.atlanticcouncil.org/publications/reports/the-future-of-us-extended-deterrence-in-asia-to-2025

94）Stephen Pifer et al., 'U.S. Nuclear and Extended Deterrence: Considerations and Challenges', Brookings Institution, May 2010, https://www.brookings.edu/wp-content/uploads/2016/06/06_nuclear_deterrence.pdf.

95）ワシントンDCでのインタビュー（2014年10月）。

96）Mitchell, 'Taiwan's Hsin Chu Program', p. 303. Mitchellは*Sing Tao Jing Pao*, 10 November 1998, p. A7から「中国が武力を行使する３番目の理由を宣言」だと引用している。また、1980年代から両岸関係の観測筋らの推測として――これは明らかに中国当局のリーク――台湾の核兵器開発は本土の攻撃基準リストに載っていると書き加えている。しかしながら、10年以上前からある中国側のはっきりとした声明なり文章なりの所在については明言が避けられている。

97）同上。

98）同上。p. 309.

99）Manning, 'The Future of US Extended Deterrence in Asia to 2025'.

100）その間、台湾で原子炉の閉鎖がともかく続くなら、このような反核運動を通じ、アメリカの核拡散防止圧力に対して、台湾の耐性がうわまわっていくという予想もしなかった結果を招くことになるだろう。

著者略歴――――
マーク・フィッツパトリック（Mark Fitzpatrick）
国際戦略研究所アメリカ支部（IISS-US）エクゼクティブ・ディレクター。ハーバード大学ケネディ行政大学院修了後、米国国務省に入省、国務次官補代理（核不拡散担当）などを務める。2005年、英国国際戦略研究所に移籍、上席研究員、不拡散・軍縮プログラム部長を経て2015年末より現職。著書に *Overcoming Pakistan's Nuclear Dangers*、*The Iranian Nuclear Crisis: Avoiding worst-case outcomes*。
国際戦略研究所（IISS）
1958年、冷戦時代における国際安全保障、軍備縮小・防衛問題等の情報・研究のためロンドンで設立された国際的戦略研究機関。60カ国以上の国防問題の専門家や大学教授が参加。年報（Military Balance）や隔月雑誌（Survival）、研究論文（Adelphi Papers）等を出版。「アジア安全保障会議（シャングリラ会合）」を毎年開催。
訳者略歴――――
秋山勝（あきやま・まさる）
立教大学卒業。出版社勤務を経て翻訳の仕事に。訳書にダイアモンド『若い読者のための第三のチンパンジー』、シーゲル『水危機を乗り越える！』（ともに草思社）、フォード『テクノロジーが雇用の75％を奪う』（朝日新聞出版）ほか。

日本・韓国・台湾は
「核」を持つのか？

2016年10月26日　第1刷発行

著　者　マーク・フィッツパトリック
訳　者　秋山　勝
装幀者　間村俊一
発行者　藤田　博
発行所　株式会社 草思社
〒160-0022　東京都新宿区新宿5-3-15
電話　営業 03（4580）7676　編集 03（4580）7680

本文組版　有限会社一企画
本文印刷　株式会社三陽社
付物印刷　中央精版印刷株式会社
製本所　加藤製本株式会社

ISBN978-4-7942-2235-0 Printed in Japan　検印省略